Fake News na Política

Rodrigo Augusto Prando
Deysi Oliveira Cioccari

70

Fake News na Política
Rodrigo Augusto Prando
Deysi Oliveira Cioccari

70

MYNEWS EXPLICA *FAKE NEWS* NA POLÍTICA
© Almedina, 2022
AUTOR: Rodrigo Augusto Prando e Deysi Oliveira Cioccari

DIRETOR DA ALMEDINA BRASIL: Rodrigo Mentz
EDITOR DE CIÊNCIAS SOCIAIS E HUMANAS E LITERATURA: Marco Pace
COORDENADORAS DA COLEÇÃO MYNEWS EXPLICA: Gabriela Lisboa e Mara Luquet
ASSISTENTES EDITORIAIS: Larissa Nogueira e Rafael Fulanetti
ESTAGIÁRIA DE PRODUÇÃO: Laura Roberti

REVISÃO: Juliana Leuenroth e Letícia Gabriella
DIAGRAMAÇÃO: Almedina
DESIGN DE CAPA: Roberta Bassanetto
IMAGEM DE CAPA: Rcphotostock – Freepik.com

ISBN: 9786554270366
Dezembro, 2022

Dados Internacionais de Catalogação na Publicação (CIP)
(Câmara Brasileira do Livro, SP, Brasil)

Prando, Rodrigo Augusto
MyNews explica : fake news na política / Rodrigo Augusto Prando, Deysi Oliveira Cioccari.
São Paulo, SP : Edições 70, 2022.

Bibliografia.
ISBN 978-65-5427-036-6

1. Ciências políticas 2. Notícias falsas 3. Tecnologia da informação e comunicação I. Cioccari, Deysi Oliveira. II. Título.

22-132103 CDD-320

Índices para catálogo sistemático:

1. Fake news : Mídias sociais : Ciências políticas 320

Eliete Marques da Silva – Bibliotecária – CRB-8/9380

Este livro segue as regras do novo Acordo Ortográfico da Língua Portuguesa (1990).

Todos os direitos reservados. Nenhuma parte deste livro, protegido por copyright, pode ser reproduzida, armazenada ou transmitida de alguma forma ou por algum meio, seja eletrônico ou mecânico, inclusive fotocópia, gravação ou qualquer sistema de armazenagem de informações, sem a permissão expressa e por escrito da editora.

EDITORA: Almedina Brasil
Rua José Maria Lisboa, 860, Conj. 131 e 132, Jardim Paulista | 01423-001 São Paulo | Brasil
www.almedina.com.br

Apresentação

Zelar pela informação correta de boa qualidade com fontes impecáveis é missão do jornalista. E nós no MyNews levamos isso muito a sério. No século 21, nosso desafio é saber combinar as tradicionais e inovadoras mídias criando um caldo de cultura que ultrapassa barreiras.

A nova fronteira do jornalismo é conseguir combinar todos esses caminhos para que nossa audiência esteja sempre bem atendida quando o assunto é conhecimento, informação e análise.

Confiantes de que nós estaremos sempre atentos e vigilantes, o MyNews foi criado com o objetivo de ser plural e um *hub* de pensamentos que serve como catalisador de debates e ideias para encontrar respostas aos novos desafios, sejam eles econômicos, políticos, culturais, tecnológicos, geopolíticos, enfim, respostas para a vida no planeta nestes tempos tão estranhos.

A parceria com a Almedina para lançar a coleção MyNews Explica vem de uma convergência de propósitos.

A editora que nasceu em Coimbra e ganhou o mundo lusófono compartilha da mesma filosofia e compromisso com o rigor da informação e conhecimento. É reconhecida pelo seu acervo de autores e títulos que figuram no panteão de fontes confiáveis, medalhões em seus campos de excelência.

A coleção MyNews Explica quer estar ao seu lado para desbravar os caminhos de todas as áreas do conhecimento.

MARA LUQUET

Sumário

Introdução. 9

1. O que são *Fake News* 13

2. O Parentesco das *Fake News*: Pós-verdade,
Negacionismo e Teorias da Conspiração 21
   2.1. Pós-verdade. 22
   2.2. Teorias da Conspiração 26
        Protocolos dos Sábios de Sião 29
        Homem não foi à lua 31
        Vacina: autismo e microchips 32
        Hillary Clinton e rede de pedofilia 34
        Barack Obama não nasceu nos EUA 34
        Eleições no Brasil 36
   2.3. Negacionismo 38
   2.4. Um quadrilátero que pode nos aprisionar... . . 39

3. A Política e a Busca do Poder. 43

3.1. Eu odeio a política e os políticos! 46
3.2. Mas, afinal, o que é a política?. 50
3.3. O poder: meios e fins 55
3.4. O discurso político ainda tem relevância
num ambiente de *fake news*? 58
3.5. A política tem jeito? 64

4. *Fake News* e Política: Parceiros de Longa Data 69

5. *Fake News* e Política nas Redes Sociais 85

6. Casos e Cenários da Relação Entre *Fake News*
e Política 99

7. Os Riscos à Democracia 111
7.1. Democracia. 111
7.2. A morte da democracia e o povo contra
a democracia 115
7.3. A sedução dos populistas 119
7.4. As *fake news* e o ataque constante à
democracia 122

8. Sugestões de Leitura e Filmes. 129
Livros 129
Sites 131
Filmes e Documentários. 132

Considerações Finais 135

Referências 141

Introdução

A *Coleção MyNews Explica* tem uma premissa básica e simples, mas importante de se enfatizar em tempos turbulentos: explicar. É fundamental para a vida em sociedade a existência da política como forma de nos organizar e de conviver e limitar o poder.

A qualidade da política depende, em larga medida, da qualidade e dos valores que os indivíduos e grupos da sociedade entendem como importantes. Neste caso, uma coleção de livros que busca explicar inúmeros temas é essencial para a construção do conhecimento, da capacidade de buscar boa e confiável informação e, ainda, de se posicionar criticamente acerca desse fabuloso volume de notícias que, cotidianamente, temos à disposição.

A *Coleção MyNews Explica*, portanto, quer ofertar aos seus leitores conteúdos relevantes e que são explicados por estudiosos e especialistas nos temas.

Assim, o leitor encontrará, aqui, neste livro, um esforço de seus autores pautado na honestidade intelectual. Com graduações em Ciências Sociais, Jornalismo, mestrado, doutorado e pós-doutorado, ambos participam, há anos, do debate político nacional e, sempre que possível, acompanham o cenário internacional. Contribuem com análises políticas e sociais para veículos de mídia — jornais, revistas, rádio, televisão e sites de notícias — no intuito de melhor explicar ao público geral o que se passa no universo da política, das manifestações ideológicas, da polarização vigente nos dias que correm e, não menos importante, colocando-se, eticamente, no campo democrático, dos valores republicanos e de respeito ao império da lei.

O esforço dos autores foi em explicar *fake news* na política. Para dar conta dessa explicação, recorremos aos estudiosos do tema, nacionais e estrangeiros, objetivando trazer ao leitor os conceitos, ideias e contextos relacionados aos temas abordados. Em muitos casos, haverá citação direta de estudos de outros especialistas e isso não tem a menor intenção de mostrar erudição ou arrogância, ao contrário, é de respeito para com quem já escreveu anteriormente sobre os assuntos e para com o leitor, para demonstrar como, no campo das ideias, estamos num constante e amplo diálogo com a produção intelectual disponível naquele campo do conhecimento. Pedimos perdão se as citações forem, às vezes, longas e enfadonhas. Garantimos: são importantes e necessárias!

Queremos, por fim, agradecer ao *Canal MyNews* pela oportunidade de publicar essa obra. Em especial, à Grabriela Lisboa que nos fez o convite e ao editor Marco Pace, da Editora Almedina. O resultado e a qualidade da obra contam com a colaboração de muitos, contudo, os eventuais equívocos são responsabilidade dos autores, que, enquanto escreviam, ministravam aulas, palestras, concediam entrevistas e, sempre, estavam lutando contra as *fake news* e se colocando do lado da democracia e de uma política generosa.

1. O que são *Fake News*

O que são *fake news*? Na tradução do inglês para o português, temos "notícias falsas". Pesquisando, no Google, por "*fake news*", temos 110 milhões de resultados. Já "notícias falsas" nos traz 1.170.000 resultados.

No Brasil o termo em inglês ganhou amplo espaço e, praticamente, já é dito sem a necessidade de sua tradução. *Fake news* constitui-se, assim, num termo usado para representar notícias ou propagandas fabricadas que incluem informações erradas, comunicadas por meio de canais de mídia tradicionais, como publicações impressas e televisão, bem como canais de mídia não tradicionais, como mídias sociais. O motivo geral para divulgar tais notícias é enganar os leitores, prejudicar a reputação de qualquer entidade ou lucrar com o sensacionalismo. Pode ser visto como uma das maiores ameaças à democracia, ao livre debate e à ordem ocidental.

As notícias falsas estão sendo cada vez mais compartilhadas por meio de plataformas de mídia social, como Twitter e Facebook. Essas plataformas oferecem um ambiente para a população em geral compartilhar suas opiniões e pontos de vista de forma crua e não editada. Alguns artigos de notícias hospedados ou compartilhados nas plataformas de mídia social têm mais visualizações em comparação com visualizações diretas da plataforma dos meios de comunicação tradicionais. Pesquisas que estudaram a velocidade das notícias falsas concluíram que os *tweets* contendo informações falsas chegam às pessoas seis vezes mais rápido do que os *tweets* verdadeiros. Os efeitos adversos de notícias imprecisas vão desde fazer as pessoas acreditarem que Hillary Clinton teve um bebê alienígena, assim como tentar convencer os leitores de que o presidente Trump está tentando abolir a primeira emenda aos assassinatos de máfia na Índia, devido a um falso boato propagado no WhatsApp.

Tecnologias como ferramentas de Inteligência Artificial (IA) e Processamento de Linguagem Natural (NLP) oferecem uma grande promessa para os pesquisadores construírem sistemas que possam detectar automaticamente notícias falsas. No entanto, tentar detectá-las é uma tarefa desafiadora, pois requer modelos para resumir as notícias e compará-las com as reais para classificá-las como falsas. Além disso, a tarefa de comparar as notícias propostas com as originais em si é uma tarefa assustadora, pois é altamente subjetiva e opinativa.

Muitos especialistas se dedicam ao estudo das *fake news* e uma parte considerável não se limita a afirmar que são notícias falsas e sim que são notícias fraudulentas, ou seja, são criadas com objetivos específicos de disseminar a desinformação causando prejuízos, geralmente financeiros e políticos, para determinados indivíduos e grupos. As *fake news* são objeto de estudo de campos como Direito, Sociologia, Ciência Política, Jornalismo, Filosofia, entre outros.

1. O QUE SÃO *FAKE NEWS*

No que tange à Ciência Política, as *fake news* são investigadas como elementos que podem atrapalhar, corroer e alterar os processos políticos, sobretudo as eleições. A mentira, o boato, a fofoca e a maledicência sempre estiveram presentes no universo político, desde tempos imemoriais. Gregos e romanos em seu exercício da política usavam do expediente da mentira e do boato, mormente quando eram destinados aos adversários a fim de que estes fossem prejudicados.

Nicolau Maquiavel, autor clássico do Pensamento Político, em sua obra *O príncipe*, já advertia sobre a verdade e a mentira na política. No Capítulo XVIII – "Como o príncipe deve honrar sua palavra" – o florentino assevera o que se pode combater pelas leis e pela força: a primeira é própria dos homens; a segunda, dos animais. Por isso, tem que aprender o governante a valer-se de ambas. No reino animal, exemplifica com a raposa e o leão. O leão afugenta os lobos, mas não sabe se defender das armadilhas; a raposa, por sua vez, escapa das armadilhas, e cumpre, portanto, conjugar força e astúcia. Quem quer ser só leão, desconhece a política.

Valorizando, no caso, a astúcia, Maquiavel trata do uso da mentira, ou, se preferirem, manter ou não a palavra dada. Em suas palavras:

> "Portanto um soberano prudente não pode nem deve manter a palavra quando tal observância se reverta contra ele e já não existam motivos que o levaram a empenhá-la. Se todo os homens fossem bons, este preceito não seria bom; mas como eles são maus e não mantêm a palavra dada ao príncipe, este também não deve mantê-la perante eles; ademais, nunca faltaram a um príncipe razões legítimas para incorrer na inobservância". (MAQUIAVEL, 2010, p. 105)

A visão que Maquiavel tem da natureza humana não é boa. O homem, segundo o autor, é ingrato, volúvel, simulador, covarde diante do perigo e ávido de lucro. A visada teórica de Maquiavel inaugura o realismo político, ou seja, a política é o que ela é, e não o que gostaríamos que ela fosse.

Maquiavel foi profundo leitor dos clássicos – gregos e romanos – e, por isso, sua observação acerca de faltar com a palavra, de fazer uso da mentira, se necessário fosse, data desta obra de 1513.

Quase 500 anos depois de Maquiavel, que viveu no bojo do Renascimento italiano, o sociólogo espanhol Manuel Castells faz enorme esforço interpretativo objetivando melhor compreender a sociedade atual. Em sua trilogia: *A sociedade em rede* (1996), *O poder da identidade* (1997) e *Fim de Milênio* (1998), o autor aborda elementos importantes das novas formas de sociabilidade. O sociólogo espanhol faz uma advertência indicando que vivemos em tempos confusos e, por essa razão, as categorias intelectuais que foram usadas para explicar uma realidade já ultrapassada não mais podem dar conta do período atual. Apresentando a sua investigação científica, o autor afirma – a respeito da sociedade atual – que o:

> "[...] resultado foi a descoberta de uma nova estrutura social que estava se formando, que conceituei como a **sociedade em rede** por ser constituída por redes em todas as dimensões fundamentais da organização e da prática social. Além disso, embora as redes sejam uma antiga forma de organização na experiência humana, as tecnologias digitais de formação de redes, características da Era da Informação, alimentaram as redes sociais e organizacionais, possibilitando sua infinita expansão e reconfiguração, superando

1. O QUE SÃO *FAKE NEWS*

as limitações tradicionais dos modelos organizacionais de formação de redes quanto à gestão da complexidade de redes acima de uma certa dimensão. Como as redes não param nas fronteiras do Estado-nação, a sociedade em rede se constituiu como um sistema global, prenunciando a nova forma de globalização característica de nosso tempo". (CASTELLS, 1999, p. II – destaques nossos)

Há, nas redes sociais, troca frenética de informações, grupos de pesquisa, interação por meio do mercado (compra e venda de mercadorias), educação, lazer, sexo, ódio, desinformação, agressões, perseguições, enfim, a dinâmica do mundo real é reproduzida no universo virtual. Tendo um *smartphone*, temos praticamente um universo acessível em nossas mãos, desde que com acesso à internet. Assim:

"A comunicação sem fio se tornou a plataforma de difusão favorita de muitos tipos de produtos digitalizados, incluindo jogos, música, imagens e notícias, além de mensagens instantâneas que cobrem toda a gama de atividades humanas, desde redes pessoais de apoio até tarefas profissionais e **mobilizações políticas**. Assim, a matriz da comunicação eletrônica se sobrepõe a tudo o que fazemos, em qualquer lugar e a qualquer momento". (CASTELLS, 1999, p. XV – destaques nossos)

Cada vez mais – quer queiramos ou não – a política se conecta com as redes sociais. As relações de poder, a luta por sua conquista e pela sua manutenção, estão, agora, nas redes sociais, na internet; nas ruas e nas redes e das redes para as ruas. Ainda, segundo o sociólogo:

"As sociedades mudam através de conflitos e são administradas por políticos. Uma vez que a Internet está se tornando um meio essencial de comunicação e organização em todas as esferas de atividades, é óbvio que também os movimentos sociais e o processo político a usam, e o farão cada vez mais, como um instrumento privilegiado para atuar, informar, recrutar, organizar, dominar e contradominar. O ciberespaço torna-se um terreno disputado. No entanto, será puramente instrumental o papel da Internet na expressão de protestos sociais e conflitos políticos? **Ou ocorre no ciberespaço uma transformação das regras do jogo político-social que acaba por afetar o próprio jogo – isto é, as formas e objetivos dos movimentos e dos atores políticos?**" (CASTELLS, 2003, p. 114 – destaques nossos)

Este último questionamento de Castells, destacado na citação acima, reclama atenção redobrada, pois mesmo sem ter a dimensão de um fenômeno que tomava forma, o sociólogo já entendia que a política seria impactada pelas redes sociais. Não havia, naquele momento, como o pesquisador entender que um dos principais impactos estaria ligado às *fake news*, cujo potencial destruidor é considerável no ambiente democrático.

Para Rais e Sales (2020), encontra-se dificuldades de se definir, no campo jurídico, as *fake news*, pois

"A polissemia aplicada à expressão *fake news* confunde ainda mais o seu sentido e alcance, ora indica como se fosse uma notícia falsa, ora como se fosse uma notícia fraudulenta, ora como se fosse uma reportagem deficiente ou parcial, ou, ainda, uma agressão a alguém ou a alguma ideologia." (RAIS; SALES, 2020, p. 27)

1. O QUE SÃO *FAKE NEWS*

Na compreensão deste fenômeno, entendemos que não se trata de simples notícia falsa, de um mero erro ou uma reportagem que peca pela superficialidade ou pela deficiência de informações. Por conta disso, os autores afirmam que:

> "Partindo da premissa de que a mentira está no campo da ética, sendo que o mais perto que mentira chega no campo jurídico é na fraude e, talvez, uma boa tradução jurídica para as *fake news* seria "notícias ou mensagens fraudulentas." Enfim, talvez um conceito aproximado do direito, porém distante da polissemia empregada em seu uso comum, poderia ser identificada como **uma mensagem propositalmente mentirosa capaz de gerar dano efetivo ou potencial em busca de alguma vantagem.**" (RAIS; SALES, 2020, p. 27 – destaques nossos)

Já não bastassem as *fake news* e seu potencial destrutivo, há as chamadas *deepfakes* que são uma falsificação profunda com uso de inteligência artificial que, geralmente, apresenta vídeos de personalidades, políticos, nas quais o áudio e a imagem são falsificados objetivando enganar os que assistem. As *deepfakes* são tão sofisticadas que a grande maioria das pessoas não consegue discernir e perceber que é uma adulteração. No Brasil, já na primeira semana de campanha política, de 2022, circulou uma *deepfake* na qual a apresentadora de um importante telejornal faz a apresentação das pesquisas de intenção de voto e, na manipulação, os números são verdadeiros, mas são mudadas as posições dos candidatos: quem está em primeiro lugar vai para o segundo, e quem está nessa posição é guindado à dianteira.

Muitos políticos podem se utilizar de robôs para disseminar com maior rapidez as *fake news*, todavia, são as pessoas, que costumam compartilhá-las. Para Rais e Sales, uma das estratégias utilizadas pelos fabricantes de *fake news* está no apelo à inovação. Em suas palavras: "Por isso, a inovação foi um dos múltiplos fatores indicados no estudo mencionado que constatou que as *fake news*, em média, possuem 70% mais chances de serem *retweetadas* quando comparadas com notícias verdadeiras". (RAIS; SALES, 2020, p. 36)

Além do percentual de 70% mais chances de disseminação de *fake news* que fatos verdadeiros, outro ponto preocupante, especialmente no Brasil, deve ser levado em consideração. Num estudo da Global Digital Report 2018, demonstrou-se que o

> "Brasil é um dos campeões em conectividade, considerando que o brasileiro permanece on-line em média nove horas e quatorze minutos por dia, perdendo apenas da Tailândia e Filipinas. Esse período diário que os brasileiros permanecem conectados, significa que, dos 365 dias do ano, aproximadamente 145 deles são conectados à internet." (RAIS; SALES, 2020, p. 39)

Por fim, os autores consideram, também, problemático o fato de que os brasileiros têm o segundo pior índice de percepção do que é verdade e apreço pela verdade. O estudo, promovido pela Ipsos em 2017, segundo Rais e Sales (2020), indica que, na maioria das vezes, os brasileiros conhecem muito pouco da realidade de seu próprio país.

As notícias falsas podem vir de várias formas, incluindo erros não intencionais cometidos por agregadores de notícias, histórias totalmente falsas ou histórias que são desenvolvidas para enganar e influenciar a opinião do leitor. Embora as notícias falsas possam ter várias formas, o efeito que podem ter nas pessoas, no governo e nas organizações geralmente pode ser negativo, pois diferem dos fatos.

2. O Parentesco das *Fake News*: Pós-verdade, Negacionismo e Teorias da Conspiração

As *fake news* são poderosas formas de não apenas distorcer deliberadamente a realidade social, mas, também, de construção de narrativas políticas e de ataques às instituições políticas e, no limite, à própria democracia.

Neste processo de construção e divulgação de *fake news*, encontra-se um parentesco com a pós-verdade, negacionismos e toda a sorte de teorias da conspiração. Ou seja: todas interagem entre si e se retroalimentam constantemente. Não raro, uma *fake news* encontra força ao se deparar com indivíduos e grupos que assumem uma visão de mundo alicerçada sobre pós-verdades, negacionismos e teorias da conspiração.

Um fato relevante é que muitos que são negacionistas e assumem posturas assentadas na pós-verdade e consomem e disseminam teorias da conspiração o são por convicção ideológica. Contudo, há os que, por ignorância ou ingenuidade, são presos neste quadrilátero (*fake news*, pós-verdade, negacionismo e teorias da conspiração).

2.1. Pós-verdade

Hoje temos acesso à inúmeras fontes confiáveis de informação e conhecimento. Há livros, artigos (acadêmicos e na mídia), divulgação de pesquisas, banco e base de dados quantitativos e qualitativos; há dissertações de mestrados e teses de doutorado e especialistas que dedicam parte substancial de suas vidas estudando e pesquisando inúmeros fenômenos, nas mais diversas áreas do conhecimento humano. Mesmo com esse manancial de conhecimento à disposição e uma realidade que se apresenta à observação, temos desconfiança e até mesmo o desprezo disso tudo por conta daquilo que indivíduos e grupos sentem e, por isso, são capazes de criar interpretações peculiares dos acontecimentos no bojo de nossa sociedade.

Matthew D'Ancona (2018), em sua obra *Pós-verdade: a nova guerra contra os fatos em tempos de fake news*, advoga que a sociedade vivencia um novo período de combate intelectual e político. Para o autor, o saber constituído, a ciência e a filosofia, por exemplo, estão sob ataque direto e, em suas palavras: "a racionalidade está ameaçada pela emoção; a diversidade pelo nativismo; a liberdade, por um movimento rumo à autocracia". (D'ANCONA, 2018, p. 19)

Quando se compreende que o conhecimento racional, que é base fundamental da ciência e, consequentemente, do método científico, está sendo atacado, o quadro que se apresenta não é apenas de problemas e questões políticas, é muito mais profundo e perigoso. Permitir que as emoções – e todos nós somos repletos de emoções, positivas e negativas – tomem o lugar da razão no campo da gênese da informação e do conhecimento seria desprezar séculos de esforços intelectuais de pensadores, filósofos, cientistas, escritores, jornalistas e muitos outros que, a seu modo, esforçaram-se para contribuir com os avanços civilizacionais que temos nos dias que correm.

Importante, aqui, ressaltar que não se propõe excluir os sentimentos e as emoções de nossas vidas. Nada disso. O que se discute é que em determinados momentos as emoções acabam por atrapalhar a compreensão dos fatos objetivamente colocados à nossa frente, às vezes, fatos corroborados por teorias e por evidências cientificamente comprovadas. Muitos de nossos relacionamentos afetivos – namoro, noivado e casamento – partem de emoções e de respostas biológicas a estes sentimentos. Os apaixonados podem, num namoro, isolar-se dos familiares, esquecer dos compromissos escolares e até profissionais. Nesta situação, alguém poderá, à luz da razão, chamar a atenção de que aquela profunda paixão está trazendo prejuízos à vida dos que estão emocionalmente enamorados. Se até nestes momentos de relacionamentos íntimos devemos preservar elementos racionais, imaginem o quanto é necessário ser racional e objetivo nas atividades atinentes às nossas profissões, às discussões políticas e às decisões em relação à nossa saúde.

Razão e emoção convivem em nossas vidas, geralmente, de forma equilibrada. A pós-verdade, no entanto, rompe esse equilíbrio. Segundo D'Ancona, em 2016, o *Oxford Dictionaires* elegeu pós-verdade como a palavra do ano e "[...] definindo-a como forma abreviada para 'circunstâncias em que os fatos objetivos são menos influentes em formar a opinião pública do que apelos à emoção e à crença pessoal'". (D'ANCONA, 2018, p. 19).

Ainda no ano de 2016, Donald Trump foi eleito nos EUA e, na Europa, houve a saída do Reino Unido da União Europeia. Tais fatos são, para D'Ancona, demonstrações empíricas da força que a pós-verdade apresenta no debate público. Trump, por exemplo, foi habilidoso em tecer vínculos emocionais com seu eleitorado e atacou, sistematicamente, sua adversária Hilary Clinton com uso de *fake news* e pós-verdades. Em 2021, após derrota para Joe Biden, Trump não reconheceu sua derrota e conclamou sua militância e apoiadores a não reconhecerem também a vitória de Biden. Em atos de violência, trumpistas invadiram o Capitólio, ocasionando depredação do patrimônio público, agressões e mortes. Esse episódio está ainda sob investigação do FBI e já levou à prisão de muitos indivíduos e até com possibilidade de consequências jurídicas para o próprio Donald Trump.

No caso do *Brexit*, houve uma campanha que mirou o apelo emocional, deixando de lado as discussões técnicas, abstratas e mais profundas acerca da situação em tela. Por isso, D'Ancona (2018, p. 29) afirma que ocorreu "a política da pós-verdade em seu estado mais puro: o triunfo do visceral sobre o racional, do enganosamente simples sobre o honestamente complexo". É comum, no Brasil, especialmente entre os cientistas, uma piada: que um problema complexo pode apresentar uma resolução simples que, na grande maioria dos casos, é errada.

Agora, se considerarmos que a pós-verdade enfatiza as emoções em detrimento da razão, não se pode desconsiderar que essa pós-verdade tem que ser recebida por uma opinião pública. Por isso, D'Ancona assevera que:

2. O PARENTESCO DAS *FAKE NEWS*

"No entanto, as mentiras, as manipulações e as falsidades políticas enfaticamente não são o mesmo que a pós-verdade. A novidade não é a desonestidade dos políticos, mas a resposta do público a isso. A indignação dá lugar a indiferença e, por fim, à conivência. A mentira é considerada regra, e não exceção, mesmo em democracias [...]". (D'ANCONA, 2018, p. 34).

E acrescenta:

"A mera exaustão pode tirar até mesmo o cidadão alerta de seu compromisso com a verdade. Mas o que toma o seu lugar? Na Rússia de Putin, de acordo com Pomerantsev, é a resignação cognitiva, uma retirada de uma corrida aparentemente invencível. O que importa não é a ponderação racional, mas a convicção arraigada. De acordo com Alexander Dugin, cientista político e polemista (apelidado de o "Rasputin de Putin"): "a verdade é uma questão de crença. [...] Essa coisa de fatos não existe". (D'ANCONA, 2018, p. 36)

Quando, na esfera pública, a mentira é regra e não exceção, os problemas se avolumam. Quando a opinião pública, saturada de pós-verdade e *fake news*, despreza a verdade, a razão e os fatos objetivamente presentes na realidade social, as consequências são o triunfo do senso comum e da alienação.

Outro estudioso do tema, Giuliano Da Empoli, redigiu a obra *Engenheiros do caos: como as fake news, as teorias da conspiração e os algoritmos estão sendo utilizados para disseminar ódio, medo e influenciar eleições* e acaba por chegar às mesmas conclusões que D'Ancona (2018).

Nas palavras de Da Empoli:

"No mundo de Donald Trump, de Boris Johnson e de Jair Bolsonaro, cada novo dia nasce com uma gafe, uma polêmica, a eclosão de um escândalo. Mal se está comentando um evento, e esse já é eclipsado por um outro, numa espiral infinita que catalisa a atenção e satura a cena midiática [...]. No entanto, por trás das aparências extremadas do Carnaval populista, esconde-se o trabalho feroz de dezenas de *spin doctors*[1], ideólogos e, cada vez mais, cientistas especializados em *Big Data*, sem os quais os líderes do novo populismo jamais teriam chegado ao poder." (DA EMPOLI, 2019, p. 18)

Para o autor, estes *spin doctors*, ideólogos, cientistas políticos e especialistas em garimpar e interpretar dados (*Big Data*) são os "engenheiros do caos" capazes de "transformar a própria natureza do jogo democrático". (DA EMPOLI, 2019, p. 20)

2.2. Teorias da Conspiração

Quando lemos ou ouvimos o termo "teorias da conspiração", o que nos vem à mente? Essa resposta depende e muito de como os indivíduos e grupos travam contato com esses temas. As teorias da conspiração podem ser criticamente desconstruídas pelo conhecimento racional, com a refutação por meio de fatos, dados e teorias aceitas

---

[1] Segundo a própria nota de rodapé de Da Empoli (2019, p. 18), *spin doctors* são "consultores políticos que se ocupam, diante de determinada situação de impasse, crise ou estagnação, em identificar a direção capaz de mudar a tendência a favor de um candidato ou campanha".

por uma determinada comunidade científica. Mas, quando indivíduos e grupos assumem que essas teorias são, de fato, conspirações verdadeiras, é quase impossível demovê-los, racionalmente, de que ali não há teoria nenhuma (não no sentido científico do termo) e que tampouco há uma conspiração.

Um dos autores clássicos da Sociologia, o alemão Max Weber, ao explicar a diferença entre a ética da responsabilidade e a ética da convicção, já havia advertido que perde tempo aquele que busca, no debate e na argumentação, desconstruir os que estão convictos de suas certezas, aqueles que não invocam outros juízes para sua conduta a não ser sua própria consciência. Se, na ética da responsabilidade, há uma relação entre meios e fins e, ainda, a busca da eficácia e da eficiência das ações sociais, na ética da convicção os resultados são menos importantes do que a manutenção das crenças pessoais, das emoções que guiam as condutas.

Para Weber:

> "Pode-se demostrar a um sindicalista convicto, partidário da ética dos objetivos finais, que seus atos resultarão num aumento das oportunidades de reação, na maior opressão de sua classe e na obstrução de sua ascensão – sem nem causar nele a menor impressão. Se uma ação de boa intenção leva a maus resultados, então, aos olhos do agente, não ele, mas o mundo, ou estupidez dos outros homens, ou a vontade de Deus que assim os fez, é responsável pelo mal." (WEBER, 2002, p. 84)

O mau resultado da ação do agente, portanto, segundo Weber, não é sua responsabilidade. Ele sempre estará convicto que agiu certo e foi fiel às suas crenças. Aquilo que deu errado foi porque o mundo ou a vontade de Deus foram os responsáveis por aquele resultado.

Há, no mundo, no passado e no presente, inúmeros exemplos de teorias da conspiração. Uma simples busca no Google do termo em inglês e português traz os seguintes números: "*conspiracy theory*" (14.200.000 de resultados) e "teorias da conspiração" (541.000 de resultados).

As teorias da conspiração costumam ser mais sofisticadas que uma simples *fake news* isoladamente. Na verdade, uma teoria da conspiração busca articular fatos verídicos com *fake news*, distorce dados, faz ilações sem sentido, pode abusar de negacionismos e da pós-verdade. Em geral, as teorias da conspiração criam explicações assentadas em fantasias para determinados fatos e essa versão tem como objetivo contrariar a versão oficial (histórica, científica ou política) daquele evento. Não raro, os produtores e os "consumidores" de teorias da conspiração assumem posturas e ações que trazem à tona as emoções e crenças e, também, deixam de lado aspectos racionais e fatos comprovados. Geralmente, as teorias da conspiração têm como fonte governos inescrupulosos que distorcem, manipulam ou escondem a efetiva verdade dos indivíduos. Há, além dos governos e suas agências secretas, grandes empresas e conglomerados econômicos que, por serem poderosas, são, como os governos, capazes de criar e executar grandes planos que podem solapar o mundo ocidental e seus valores. A mídia é, também, parte ativa, segundo os crentes das teorias da conspiração, nessa grande farsa e ocultação e manipulação da opinião pública. Os conspiradores criam planos secretos e são capazes de atacar, secretamente, a sociedade.

Se, para muitos, as teorias da conspiração são fantasias e não merecem crédito, há indivíduos e grupos que conectam as teorias da conspiração com suas crenças, sentimentos e emoções e dão a elas a credibilidade que um exame racional pode facilmente demostrar como falsas. Os indivíduos que acreditam nas teorias da conspiração creem que estão de posse de informações secretas e, por isso, são especiais. Nesta lógica, procurarão outros que são ou se consideram especiais, criando comunidades de "iluminados", dos que sabem a "verdade" e que, por isso, têm convicções inquebrantáveis em suas crenças. Podem, no campo psicológico, desenvolver paranoias e afetar sua vida ou de familiares e amigos.

Abaixo, algumas conhecidas teorias da conspiração. Há, sem dúvidas, muitas outras, e a curiosidade intelectual pode levar o leitor a encontrá-las no universo da Internet e das redes sociais. Só que, importante destacar, tenham cuidado, pois às vezes a narrativa é tão bem escrita que pode nos colocar em dúvidas.

Protocolos dos Sábios de Sião

Há mais de cem anos, uma matéria no jornal britânico *The Times* demostrava que "Os Protocolos dos Sábios do Sião" eram uma grande farsa. O livro *Os protocolos dos sábios do Sião* sintetizam um ataque antissemita e é uma das teorias da conspiração mais presentes no mundo. Os protocolos, portanto, seriam atas de uma reunião secreta de importantes lideranças judaicas que objetivavam dominar o mundo. Por isso, os judeus desencadearam grandes transformações no bojo da sociedade, com domínio sobre as finanças, grandes organizações, governos, entre outros. A investigação do *The Times* evidenciou que os *Protocolos* eram um plágio de uma obra intitulada *O Diálogo no Inferno entre Maquiavel e*

Montesquieu, de autoria de Maurice Joly, datada de 1864. Sabe-se que essa falsificação foi produto da polícia secreta da Rússia czarista, ou seja, a narrativa desviava a atenção do autoritarismo político vigente e apresentava um inimigo ardiloso e poderoso: os judeus.

Qual a consequência deste plágio, de 1864, e da teoria da conspiração de *Os protocolos dos sábios do Sião*? A teoria da conspiração ajudou a disseminar o sentimento antissemita e foi assumida na ação política por Adolf Hitler e, obviamente, as fantasiosas afirmações dos *Protocolos* deram força aos nazistas na perseguição e extermínios dos judeus durante o século XX. Há, aqui, uma conexão desta teoria da conspiração com o negacionismo histórico, já que há os que defendem a ideia de que o Holocausto não ocorreu e que, na verdade, aquilo foi uma grande manipulação promovida por conspiradores.

Em 2021, no Brasil, o historiador Marco Antonio Villa, em sua coluna no Portal UOL [2], publica o seguinte artigo:

> "Na última terça-feira foi apresentada em uma rádio através de um suposto jornalista uma receita para o Brasil enfrentar a crise econômica: 'É só assaltar todos os judeus que a gente consegue chegar lá. Se a gente matar um monte de judeus e se apropriar do poder econômico dos judeus, o Brasil enriquece. Foi o que aconteceu com a Alemanha no pós-guerra'".

E Villa continua explicando:

> "É, sem tirar nem pôr, puro nazismo. É como se estivéssemos assistindo um membro do Partido Nazista dissertando

---
[2] Cf.em<https://noticias.uol.com.br/colunas/marco-antonio-villa/2021/11/19/hitler-esta-vivo-e-no-brasil.htm> Acesso em 20/07/2022 às 19h.

sobre a necessidade de 'limpeza étnica'. A primeira parte da argumentação tem como inspiração o *Mein Kampf* com tinturas de *O Judeu Internacional*, de Henry Ford, sem esquecer *Os Protocolos dos Sábios do Sião*. Construíram a falácia de que os problemas econômicos da Alemanha, especialmente após a 1ª Guerra Mundial, eram responsabilidade dos judeus."

Importante reconhecer que uma teoria da conspiração como *Os Protocolos dos Sábios do Sião*, mesmo que, historicamente, tenha sido desmentida com dados e fatos, continua, por séculos, produzindo resultados e alimentando o discurso de ódio ou novas teorias da conspiração.

Homem não foi à lua

Outra teoria da conspiração assaz divulgada, especialmente nos EUA, é a de que o homem não chegou à lua em 1969, mesmo com todos os fatos apresentados e divulgados pela mídia. Quase sempre, para os conspiracionistas, a mídia está, em maior ou menor grau, envolvida em conspirações, seja inventando fatos, escondendo ou distorcendo. Ou seja: a chegada do homem à lua, mesmo que veiculada pela televisão, não é capaz de modificar a compreensão ou o comportamento dos indivíduos que creem nas Teorias da Conspiração. Foram escritos livros, artigos, entrevistas na televisão e sites que "demonstravam" que havia uma conspiração da Nasa, das agências governamentais e dos estúdios de televisão que encenaram o importante evento histórico. Há "provas" apresentadas referentes ao fato da bandeira dos EUA estar tremulando, à pegada do astronauta, à sombra vista nas imagens, enfim, há fantasias para todos os gostos e, impressionantemente, ganham força de verdade fatual. O mundo todo foi enganado, menos os conspiracionistas que sabem de tudo!

Vacina: autismo e microchips

As teorias da conspiração envolvendo as vacinas são muito comuns e ganham maior visibilidade num contexto como o da pandemia de Covid-19.

Muitas vezes uma teoria da conspiração pode ter seu início em estudos científicos que, por erro metodológico ou por pura irresponsabilidade deliberada, acabam tomando proporções perigosas. Em 1998, o médico Andrew Wakefield publicou um artigo na renomada revista médica *The Lancet* indicando a hipótese de que a vacina tríplice viral (sarampo, caxumba e rubéola) poderia levar as crianças ao desenvolvimento de autismo. O estudo de Wakefield foi realizado com 12 crianças; após sua divulgação, a cobertura vacinal caiu em muitos países. A partir da investigação de um jornalista, descobriu-se que o estudo era uma fraude, pois, criminosamente, Wakefield havia sido pago por escritórios de advocacia que desejavam processar e ganhar indenizações das indústrias farmacêuticas. A própria revista *The Lancet* excluiu o estudo e fez uma retratação acerca da publicação de Wakefield. Além disso, inúmeras pesquisas foram realizadas e não houve comprovação científica do vínculo da vacinação e do autismo. Cientistas podem, em suas investigações, errar e os resultados acabam por gerar enormes problemas. Há, entretanto, uma diferença entre um erro metodológico, de amostra ou de uso errado de equipamentos, e uma deliberada ação maliciosa de fraudar os resultados para se atender interesses econômicos ou políticos. Por isso, no campo científico os artigos são revisados pelos pares, ou seja, por outros cientistas que, familiarizados com o tema e a metodologia, poderão ou não aprovar a publicação de um determinado artigo fruto de uma investigação científica.

Recentemente, no bojo da pandemia de Covid-19, muitas teorias da conspiração foram geradas e divulgadas. Asseverou-se que o vírus havia sido criado pelos chineses em laboratório e disseminado intencionalmente numa guerra geopolítica. Além disso, houve teorias da conspiração que afirmavam que as vacinas contra a Covid-19 tinham *microchips* que eram inoculados e permitiriam o controle externo usando a tecnologia de antenas 5G. Outros defenderam que as vacinas alteravam o DNA dos indivíduos. Enfim, foram ataques cotidianos e sistemáticos contra a vacinação. Todos os dados até o momento apresentados demonstram a segurança e a eficácia das várias vacinas contra a Covid-19. O número de óbitos caiu drasticamente, bem como os que, mesmo vacinados, foram contaminados e não evoluíram para as formas mais graves da doença, mesmo em novas mutações do vírus.

Registre-se, ainda, que, infelizmente, no Brasil, o Presidente Jair Bolsonaro e importantes membros de seu governo levaram a cabo ações que, além de atrasar a compra e o início da vacinação, foram produtoras de desinformação e, não raro, buscaram deslegitimar os cientistas e os médicos que, corretamente, advogaram pela urgente necessidade de vacinação para a proteção da população. Há uma boa produção acadêmica de trabalhos que evidenciam essa conduta governamental de ataques às vacinas, oriundas de *fake news* e negacionismo.

Hillary Clinton e rede de pedofilia

Uma das teorias da conspiração mais fantasiosas e com conjugação de *fake news* ocorreu nos EUA com a então candidata à presidência Hillary Clinton, que acabou derrotada por Donald Trump.

Em 2016, o WikiLeaks – que já havia vazado documentos secretos do governo norte-americano – trouxe à tona e-mails particulares de John Podesta, chefe de campanha de Clinton. As mensagens tratavam de pizzas e, obviamente, de uma pizzaria. A repetição de palavras como "Pizza" e "*Cheese*" (queijo) fizeram com que grupos nas redes sociais as associassem com uma rede de pedofilia e pornografia infantil: Pizza seria um código para "*Pornography*" (pornografia) e "*Cheese*" ("Child"). Ou seja: "*cheese pizza*" se tornou "*child pornography*" – pornografia infantil. Assim, crianças eram abusadas no porão secreto de uma pizzaria em Whashington. O irmão de John Podesta, Tony Podesta, conhecia o dono da pizzaria e lá organizou um jantar para arrecadar fundos para a campanha de Hillary Clinton. Isso fez com que o submundo das redes sociais fosse tomado pelas teorias da conspiração e pelas *fake news*. Tal fato levou às investigações de autoridades policiais locais e até do FBI, que descartou a ocorrência de crimes de pedofilia. Mas, no final do ano de 2016, em dezembro, um indivíduo, armado, foi investigar a pizzaria e fez três disparos de arma de fogo contra o local.

Barack Obama não nasceu nos EUA

Em 2011, o então presidente dos EUA, Barack Obama, veio a público, na televisão, afirmar que havia, sim, nascido nos

EUA, especificamente no Havaí, em 4 de agosto de 1961. Para tanto, foi apresentado o registro oficial de nascimento do presidente no Hospital Ginecológico e Maternidade Kapiolani, em Honolulu, na ilha de Oahu. Obama – e muitos americanos – ficaram surpresos com os boatos, que chegaram a fazer com que um quarto dos americanos não acreditassem que Obama tivesse, de fato, nascido nos EUA. À época, um personagem era um dos divulgadores desta *fake news*: Donald Trump, já um pretendente à presidência dos EUA. Obama, acadêmico, não entendeu, naquele momento, como se dava a construção de uma teoria da conspiração e como, essencialmente, as inverdades propagadas tomam uma dimensão emocional, eclipsando a razão. Neste movimento, Trump buscou atrair a ala mais conservadora de seu partido, o Partido Republicano. Ao apresentar o documento certificando que Obama havia nascido no Havaí, houve um decréscimo daqueles que acreditavam nesta *fake news*, contudo, pouco tempo depois já se encontrava nos mesmos patamares o número de americanos que, mesmo tendo sido apresentada uma prova documental, tinham a crença de que Obama não era norte-americano. Vale ressaltar que Trump tomou gosto pelas *fake news* e, posteriormente, as usou abundantemente em suas redes sociais, em seus discursos e, na sua campanha, contra Hillary Clinton.

Trump foi, ao longo de seu mandato como presidente dos EUA, um notório divulgador de *fake news* e teorias da conspiração, a ponto de o Twitter suspender sua conta numa ocasião e, depois, ter seu perfil excluído. Foram, também, bloqueados os perfis de Trump no Facebook e no Instagram, já que as empresas viam a possibilidade de mais violência – como se deu com a invasão do Congresso objetivando não reconhecer a vitória de Joe Biden sobre Trump, em 2021.

Eleições no Brasil

Em 2022 o Brasil terá eleições para deputados estaduais, deputados federais, senadores, governadores e presidente da república. Há, neste cenário político, uma disputa entre o Presidente Bolsonaro e o ex-Presidente Lula, já que ambos são, segundo as pesquisas, os favoritos na disputa presidencial.

Jair Bolsonaro e muitos de seus apoiadores, os bolsonaristas, divulgam dados inverídicos acerca da confiabilidade das urnas eletrônicas, compartilhando *fake news*, já desmentidas pelas autoridades da Justiça Eleitoral, como, por exemplo, em 2018, quando disseram que, ao se digitar o número de um candidato, a urna registrava o voto para outro. Desta forma, a narrativa foi ganhando escopo e tornou-se uma teoria da conspiração, pois haveria membros do Poder Judiciário e conspiradores capazes de manipular os resultados das urnas, embora não se tenha nenhum dado concreto de tais afirmações, bem como nenhuma prova de que houve fraude nas eleições anteriores. O Presidente Bolsonaro foi eleito inúmeras vezes deputado por meio da urna eletrônica e foi eleito presidente, em 2018, com a mesma urna. O Governo Bolsonaro caracterizou-se por uma determinada conduta política, uma espécie de presidencialismo de confrontação. A política, na visão do presidente e de seus apoiadores, constitui-se numa divisão entre a "nova política" e a "velha política" e, no caso, tirando os bolsonaristas ("a nova política") todos os demais adversários foram convertidos em inimigos. As ações discursivas do Presidente Bolsonaro foram, nestes anos, voltadas ao ataque de inimigos, reais ou imaginários, internos ou externos. Atacou sistematicamente a esquerda e a "ameaça comunista", atacou

ONGs, artistas, cientistas, governantes estrangeiros e, mais profundamente, o Supremo Tribunal Federal (STF) e seus ministros, bem como Tribunal Superior Eleitoral, responsável pela realização das eleições no Brasil.

Além dos volumosos ataques infundados às urnas eletrônicas, que colocam a credibilidade das eleições em xeque, o presidente promove, ainda, um constante tensionamento em relação aos outros Poderes (Judiciário e Legislativo).

Em períodos eleitorais, são, também, objeto de ataques e teorias da conspiração, as pesquisas eleitorais. As pesquisas, segundo a ótica dos conspiracionistas, são manipuladas objetivando dar vantagem a um candidato em detrimento de outros. Institutos de pesquisa, por isso, seriam desonestos, pois os resultados estatísticos geram questionamentos, como: "de que forma um candidato poderia estar à frente nas pesquisas sem sequer poder sair às ruas, enquanto outro candidato, que está atrás nos números, é sempre ovacionado por onde passa? Tais argumentos são rasos e assentados no senso comum ou, de outra forma, pura fantasia ideológica a fim de mobilizar a militância e animar as discussões nas redes sociais e nas ruas. Pesquisas podem – e isso acontece – apresentar viés ou erros metodológicos, mas, na grande maioria das vezes, são sérias e confiáveis. Um exemplo: bolsonaristas atacam as pesquisas eleitorais, mas, já em 2017, havia importantes indícios de que Bolsonaro era o favorito à eleição e que, independentemente de *fake news*, do apoio de líderes evangélicos e do atentado sofrido durante a campanha, a vitória tenderia a ser de Bolsonaro, pois foi o candidato que simbolizou mudança e ser "contra tudo o que está aí", contra os políticos tradicionais, a mídia e o *establishment*.

2.3. Negacionismo

O negacionismo, por sua vez, também tem parentesco com *fake news*, pós-verdade e teorias da conspiração. O negacionismo pode ser climático, histórico, político, científico e muitos outros.

Em grande parte das vezes, o negacionismo e o negacionista negam, obviamente, eventos históricos e consensos científicos amplamente respaldados em dados, conceitos e teorias aceitas pela comunidade científica. E essa negação traz à tona, novamente, os sentimentos, que sobrepujam a razão. O negacionista "sente" que ele está certo e os cientistas errados; o negacionista quer escapar de uma verdade desconfortável e se encastela no mundo fantasioso da negação.

Para Duarte e César:

> "O negacionismo é um fenômeno social não apenas porque implica a produção e difusão em massa de teses controversas em relação a consensos científicos validados, mas também porque teses negacionistas provocam impactos diretos no comportamento de milhões de pessoas. Simultaneamente, o negacionismo é um fenômeno político porque, o mais das vezes, está associado com a extração de vantagens por parte de grupos econômicos interessados em negar ou questionar teses e conhecimentos científicos. Isto ocorre, sobretudo, quando tais conhecimentos inspiram políticas públicas destinadas a transformar comportamentos e modos de vida coletivos, os quais afetam interesses econômicos poderosos."

Há os negacionistas climáticos que não acreditam nos dados acerca do aquecimento global; há, inclusive, quem chegue a gravar vídeo, numa região com neve e muito fria, para provar que não pode ser verdadeira a tese do aquecimento global já que ainda existe tanta neve! Historicamente, nega-se o Holocausto, o extermínio de judeus durante a Segunda Guerra Mundial pela máquina de guerra nazista. Mesmo com relatos dos sobreviventes, fotos, vídeos, documentação abundantemente estudada pelos historiadores, há grupos que são negacionistas e conspiracionistas. No Brasil, pode-se encontrar negacionistas de fatos históricos atinentes à escravidão ou ao Regime Militar. Tais ideias negacionistas afastam-se das pesquisas de historiadores que, em seus trabalhos, apresentam os fatos alicerçados sobre ampla pesquisa documental, testemunhos e leituras de outros historiadores e cientistas sociais.

2.4. Um quadrilátero que pode nos aprisionar...

Ao tratarmos das *fake news* na política e do parentesco com pós-verdade, teorias da conspiração e negacionismo, podemos entender que há um quadrilátero que pode nos aprisionar numa dimensão fantasiosa.

Imaginar que no século XXI, com tantas e diversas formas de conhecer e de informações disponíveis, estejamos aprisionados, muitas vezes, neste quadrilátero é desanimador. Desanima, ainda, quando os cientistas, estudiosos e jornalistas profissionais são desprezados ou atacados pelos políticos ou por grupos e indivíduos que se apoderaram das *fake news*, da pós-verdade, das teorias da conspiração e dos negacionismos de toda a sorte.

Aquilo que para muitos é um absurdo, é, na verdade, dotado de lógica, Da Empoli, em seu livro, já advertia que qualquer um pode acreditar na verdade, mas os que acreditam no absurdo, nas *fake news*, transformam-se num exército engajado e pronto para defender seu líder político. Ele afirma:

> "Assim, o líder de um movimento que agregue as *fake news* à construção de sua própria visão de mundo se destaca da manada dos comuns. Não é um burocrata pragmático e fatalista como os outros, mas um homem de ação, que constrói sua própria realidade para responder aos anseios de seus discípulos [...] Na prática, para os adeptos dos populistas, a verdade dos fatos, tomados um a um, não conta. O que é verdadeiro é a mensagem no seu conjunto, que corresponde a seus sentimentos e sensações." (DA EMPOLI, 2019, p. 24)

Destaque-se essa afirmação: "um homem de ação, que constrói sua própria realidade". Veja, caro leitor, que os políticos, as lideranças de movimentos políticos, podem construir sua "própria realidade" e, com ela, engajar seus seguidores (nas redes sociais) e sua militância (nos movimentos políticos). No mundo das redes sociais, seguidores e militância já se confundem e operam, não raro, num nível de agressividade enorme. Neste caso, *fake news* e as mais toscas teorias da conspiração têm o poder de mobilizar. Somos, para Da Empoli, nas redes sociais, como adolescentes em nossos quartos procurando sites e redes sociais que se conectam com nossas frustrações: os sites pornográficos e os sites de teorias da conspiração. A razão é escanteada pela força das emoções. As curtidas naquilo que compartilho são quase como uma carícia maternal a afagar o ego. Nas redes sociais, as emoções são como águas caudalosas que rompem o dique da razão. As manifestações, por conta dos algoritmos, nos colocam em bolhas. Nesta lógica, se compartilhei algo, mesmo que seja *fake news* ou teoria da conspiração, e isso for curtido, compartilhado por outros, só posso estar certo, e aqueles com os quais me relaciono nas redes sociais também estão certos. Aqueles que não curtem ou, pior, têm a ousadia de criticar ou problematizar uma postagem, serão atacados, excluídos ou cancelados.

As emoções (paixão, ódio e raiva) vão, paulatinamente, se sobressaindo nas redes sociais, já que geram engajamento, compartilhamento e exércitos virtuais preparados para tudo. Assim:

> "Os engenheiros do caos compreenderam, portanto, antes dos outros, que a raiva era uma fonte de energia colossal, e que era possível explorá-la para realizar qualquer objetivo, a partir do momento em que se decifrassem os códigos e se dominasse a tecnologia". (DA EMPOLI, 2019, p. 85)

A política – espremida pelo quadrilátero já mencionado – se distancia da democracia, do saudável diálogo e do confronto de ideias e de projetos. Os comportamentos são cada vez mais agressivos e os adversários são transformados em inimigos e devem ser eliminados. Por isso:

"Pela primeira vez depois de muito tempo, a vulgaridade e os insultos não são mais tabus. Os preconceitos, o racismo e a discriminação de gênero saem do buraco. As mentiras e o conspiracionismo se tornam chaves de interpretação da realidade". (DA EMPOLI, 2019, p. 89)

A *fake news* e sua família (pós-verdade, teorias da conspiração e negacionismo) podem, sim, aprisionar a política e, consequentemente, inserir no bojo da vida social uma violência retórica e física. O cidadão, consciente de seus direitos e deveres, tem ferramentas para romper esse quadrilátero e tornar a política virtuosa. Consciência crítica, participação cívica e leitura de fontes confiáveis podem servir de catalisadores para uma profunda e positiva mudança de postura, nas redes e nas ruas.

3. A Política e a Busca do Poder

A política é uma daquelas temáticas que todos, na maior parte das vezes, sentem a presença, contudo, acabam tendo dificuldade de tecer comentários, opinar e marcar posição. Há um ditado que assevera: "política, futebol e religião não se discute". Já parou, prezado leitor e prezada leitora, para pensar nisso? Qual o motivo para se colocar, junto ao futebol e à religião, a política e não se discutir estes três temas?

Como sabemos, a política, o futebol e a religião são dimensões da vida em sociedade que abarcam sentimentos, crenças e paixões. Quando se está numa discussão sobre qualquer desses temas, é grande a chance de que, sem o respeito pelas opiniões do interlocutor, o diálogo se converta num tom ofensivo, chegando à possibilidade de agressões verbais e, pior, físicas. A dificuldade em se discutir as ideologias políticas, a paixão futebolística e as crenças religiosas surge da dificuldade de conviver com a diversidade, respeitar o outro e compreender que não se pode, por exemplo, pensar de forma simplista e binária: concorda comigo é amigo; discorda, é inimigo.

Seguindo a lógica apresentada por Émile Durkheim (1996), em sua obra *As formas elementares da vida religiosa*, a religião tem, como essência, a divisão do mundo em fenômenos sagrados e profanos. É sagrado tudo aquilo que, direta ou indiretamente, se relaciona ao totem, e todo resto é profano. Assim, as coisas profanas costumam ser aquelas da vida cotidiana, da atividade prática e econômica. O sagrado, por sua vez, é separado, proibido, especial por sua própria natureza. Em sua investigação sobre a religião, Durkheim acaba, também, por nos brindar com uma "Sociologia do Conhecimento", pois essa classificação de tudo que existe em sagrado e profano é a forma mais simples que se conhece no bojo das sociedades.

É por isso, pensamos, que as construções que simplificam a realidade têm tanta força. Dividir o mundo em esquerda e direita, em ricos e pobres, brancos e negros, bonitos e feios, inteligentes e obtusos, enfim, uma ampla gama de formulações binárias, costuma dar muito certo, especialmente no que tange à política, ao futebol e à religião. Mais ainda: essas simplificações binárias evocam os sentimentos e estes são mobilizadores das energias dos indivíduos e grupos sociais.

Tem sido comum, nos tempos que correm, infelizmente, a disseminação do ódio. Odiar a política só perde para o ódio em relação aos operadores da política, os políticos. Odeia-se, igualmente, as instituições políticas e os três Poderes (Executivo, Legislativo e Judiciário). Destes poderes, dois são eleitos – Executivo e Legislativo – e, mesmo os elegendo, os odiamos. O problema não se limita a um país, é global, em maior ou menor grau.

3. A POLÍTICA E A BUSCA DO PODER

Mas, afinal, o que é a política? Como compreender um fenômeno social que a todos nós engloba e que poucos conseguem interpretar corretamente? A política diz respeito ao poder. Os políticos desejam conquistar e manter o poder. Assim, é visando o poder, seu exercício, sua manutenção e a tomada do poder de outros que se deve pensar a política.

A política pode ser boa ou má. Pode ser democrática ou autoritária. O poder político pode ser um fim em si mesmo ou um meio para realizar outras ações. A política pode ser exercida de forma generosa, republicana e dentro dos limites da lei; ou pode ser mesquinha, corrupta e ao arrepio das leis. A qualidade da política depende, a um só tempo, da qualidade de seus operadores – os políticos – e da qualidade da própria sociedade na qual estes políticos são socializados e conquistam seus votos.

Neste mundo de hiperconectividade, redes sociais e interações em tempo real, ainda há espaço para o discurso político? Os políticos, suas palavras, suas ideias e seus projetos encontram eco nos desejos dos cidadãos? Pode, hoje, o político pensar e discursar a partir de suas ideias ou, então, é melhor entrar nas guerras de *fake news*, pós-verdades e construção de narrativas fantasiosas?

No limite, a pergunta que fica é: a política tem jeito? Como pensar a política de uma forma generosa, democrática, com participação popular e sem ódio, medo e corrupção? A qualidade dos políticos, enfatize-se, depende, em grande parte, da qualidade da sociedade, pois é nela que os políticos têm origem e são socializados. Numa sociedade que valoriza a ética e os comportamentos atrelados à virtude, é muito difícil que políticos desonestos e eivados de vício consigam sucesso eleitoral e sucessivos mandatos.

3.1. Eu odeio a política e os políticos!

Há, no mundo, uma sensação de desconforto, de desconexão e de incompreensão da atividade política e de sua importância.

Não raro, temos, em quase todos os ambientes que permitem o diálogo e a troca de ideias, aqueles que se dedicam a falar mal da política e dos políticos. E assumem, ainda, em alto e bom som que odeiam a política e os políticos.

Como se sentir confortável quando, ao acompanhar o noticiário da televisão, descobrimos o salário de um prefeito, do governador, de um deputado? Mais ainda: além do salário, há um conjunto de remunerações diretas ou indiretas que fazem com que o ganho mensal dos políticos seja, quase sempre, muito acima da média dos demais cidadãos. Para além do salário, há pagamentos para os custos de passagens áreas, assinatura de publicações, internet, possibilidade de contratar vários assessores, auxílio paletó, segurança, verba para divulgação do mandato, combustível e carro, entre outras benesses que tornam o político, especialmente no Brasil, um dos mais caros do mundo em termos de custo anual com a manutenção do mandato. Pior quando se descobre que, não bastassem o salário e o repasse destes valores, muitos políticos acabam por se envolver em corrupção.

A cultura política no Brasil tem como uma de suas nódoas o patrimonialismo, isto é, políticos ou servidores públicos que se apropriam de recursos públicos como se fossem privados. Há também o nepotismo, quando políticos contratam seus familiares para funções em cargos de confiança e, embora haja lei impedindo tal prática, ela é burlada com o chamado nepotismo cruzado, quando

3. A POLÍTICA E A BUSCA DO PODER

um político pede para outro contratar um parente seu e depois faz o mesmo, contratando um familiar de seu colega.

Outro ponto que irrita os cidadãos é uma desconexão do político e da atividade política com os anseios da população. Especialmente no que tange à sociedade em rede, hiperconectada, tudo parece ser urgente e, por isso, reclama ações rápidas por parte dos políticos e das instituições públicas. A questão é que temos uma sociedade em rede, digital, e políticos e instituições ainda analógicas. Em tempos de eleição, os políticos costumam, em suas campanhas, nas ruas e nas redes sociais, distribuir sorrisos, abraços e promessas. Terminada a eleição, quase não se encontra mais com os políticos já eleitos. A ausência de uma educação voltada à cidadania e à participação cívica faz com que as regras das instituições, como, por exemplo, das casas legislativas que propõem as leis, não sejam conhecidas pela população em geral. Em casos concretos, a sociedade questiona e pressiona os políticos, no entanto, o encaminhamento das discussões no parlamento segue um conjunto de regras racionalmente estabelecidas na burocracia pública. Há excelentes exemplos de governos que vão, cada vez mais, se digitalizando e, assim, diminuindo a burocracia, a morosidade e aumentando a participação popular. Hoje, pode-se acompanhar as sessões das câmaras de vereadores, das assembleias legislativas estaduais e da câmara dos deputados pelas televisões ou na internet. Está mais fácil acompanhar o mandato daquele que recebe o nosso voto e de se cobrar uma determinada promessa ou projeto que foi apresentado como prioridade durante as eleições. Essa desconexão entre políticos e cidadania tende a diminuir, mas é necessário que os cidadãos tenham consciência da importância de acompanhar e fiscalizar a classe política e os serviços públicos, frutos do pagamento de impostos.

Noutra dimensão, encontramos a incompreensão da atividade política e da divisão do poder em Executivo, Legislativo e Judiciário. Cada um dos poderes tem sua função e existe na perspectiva de servir de contrapeso e freio em relação ao outro. Diferente da existência de um imperador com poder absoluto, no Estado Democrático de Direito os poderes são limitados pela lei e encontram evidentes barreiras nos outros poderes. Ninguém pode tudo e ninguém está acima da lei. É comum, durante o período eleitoral, fixarmos os nomes dos prefeitos, governador e presidente eleitos com nossos votos; comum, também, é não se lembrar dos votos dados dos membros do Poder Legislativo (vereadores, deputados e senadores). É com certo menoscabo que tratamos o Legislativo e isso demonstra a incompreensão da importância da boa escolha daqueles que, no limite, farão as leis que nos governam.

A conjugação de desconforto com a situação que se vive na sociedade, desconexão e incompreensão da política e das funções dos políticos e das instituições públicas, pode permitir a construção de discursos e práticas populistas, salvacionistas e messiânicas. Geralmente, políticos com carisma conseguem se comunicar muito bem e sua conduta assenta-se na conquista de apoio não pela ótica racional e sim pela força das emoções, pelos sentimentos despertados. Não raro, políticos populistas são aqueles que operam dentro do sistema político, mas fazem constantes ataques a esse mesmo sistema que os elegeu e lhes deu projeção. Populistas costumam simplificar a realidade numa divisão entre "povo" e "elite". Eles, políticos populistas, estão ao lado do povo, e este é entendido como depositário das virtudes, enquanto a elite e as instituições congregam os vícios e são, por isso, um mal a ser extirpado.

Políticos populistas usam de manifestações messiânicas, como aqueles que são detentores de qualidades extraordinárias e que são capazes de salvar o país de um estado de degradação, já que ele tem verdades reveladas e age à luz de uma pureza de valores que não se contamina pela mesquinhez da vida política e das instituições que, quase sempre, estariam corrompidas e não fazem nada pelo povo. Políticos dessa estirpe ganham projeções, seja no espectro político da direita ou da esquerda, pois o discurso é, essencialmente, carismático e dotado de alto poder emocional, arrastando multidões e formando uma militância política coesa e extremamente identificada com os seus líderes.

Em situações de alto conteúdo emocional, de exacerbação das paixões políticas, cria-se um caldo cultural perfeito para o ódio, o medo e a rejeição. Queremos aqui dizer claramente que o ódio à política e aos políticos é orquestrado em muitos casos por eles próprios que, depois, se colocam como capazes de resolver problemas complexos de forma simples, direta, sem mediação das instituições.

Jornalistas, formadores de opinião e intelectuais também podem se tornar propagadores de um discurso de ódio à política. Quando, por exemplo, afirma-se, peremptoriamente, que todos os políticos são corruptos ou que nossas instituições não são mais capazes de cumprir suas funções e suas prerrogativas institucionais, eles podem não perceber, mas estão contribuindo fortemente para não apenas simplificar o cenário político, mas, ainda, para dar espaço para o ódio entrar em cena.

Partindo-se, portanto, do pressuposto de que a política e os políticos são odiados e que estes políticos, bem como as instituições, são de péssima qualidade ou já totalmente corrompidos, resta a pergunta: o que fazer? Se a qualidade da representação política é ruim, outra pergunta pode ser feita: o que todos os políticos, desde o mais democrático, republicano e virtuoso até o mais autoritário, corrupto e arrogante têm em comum?

Muitos, certamente, leitores e leitoras, já conhecem as respostas às questões aqui postas. Deixemos, porém, para voltar a essa discussão ao fim deste capítulo.

3.2. Mas, afinal, o que é a política?

Assim como podemos recorrer ao dicionário para conhecer o significado de uma palavra, podemos também utilizar de dicionários temáticos, específicos para cada área do conhecimento. Por isso, tomaremos de empréstimo as importantes considerações de Norberto Bobbio, Nicola Matteucci e Gianfranco Pasquino na obra *Dicionário de Política*.

Assim, nas palavras dos referidos autores, o significado de política é:

> "Derivado do adjetivo originado de *pólis* (*politikós*), que significa tudo o que se refere à cidade e, consequentemente, o que é urbano, civil, público, e até mesmo sociável e social, o termo Política se expandiu graças à influência da grande obra de Aristóteles, intitulada *Política*, que deve ser considerada como o primeiro tratado sobre a natureza, funções e divisão do Estado, e sobre as várias formas de Governo, com a significação mais comum de arte ou ciência do Governo, isto é, de reflexão, não importa se com intenções meramente

descritivas ou também normativas, dois aspectos dificilmente discrimináveis, sobre as coisas da cidade." (BOBBIO; MATEUCCI; PASQUINO, 1995, p. 954)

A política, desde os gregos, tem papel fundamental na vida coletiva e nos assuntos relacionados à cidade. A vida social reclama algum tipo de liderança, ou seja, haverá, nas mais diversas sociedades, relações de mando e de obediência, isto é, alguns poucos mandam e uma grande maioria obedece. Costumamos, desde a mais tenra infância, obedecer aos nossos pais ou responsáveis; na escola, obedecemos aos professores e à direção pedagógica; nas igrejas, acatamos os conselhos e diretrizes do padre ou do pastor; na empresa, seguimos as ordens dos chefes, gerentes, patrões. Em todos esses casos, não escolhemos quem mandará. Na política, no que diz respeito aos governantes, nós – cidadãos, eleitores – nas democracias, no estado democrático e de direito, escolhemos quem exercerá o poder.

O que diferencia o poder político de outros tipos de poder é que, no caso da política, o poder se exerce por meio do Estado, que é o aparato burocrático e organizacional responsável pela gestão da vida em sociedade. No Estado, os políticos eleitos governam, mas não só. Há funcionários públicos que trabalham nas diversas áreas e suas funções são distintas da iniciativa privada e das organizações do terceiro setor (ONGs, institutos, etc.). O Estado é, segundo Weber (1999), caracterizado pelo monopólio da coerção física e da violência, ambas legítimas, ou seja, o Estado vale-se das polícias e das forças armadas objetivando o cumprimento de suas funções e, também, se necessário for, o exercício do poder sobre indivíduos e grupos que atuam fora dos limites da lei.

É fundamental, aqui, entender um pouco mais acerca do poder e da autoridade. Um criminoso, por exemplo, pode ter poder, pois tem um grupo armado à sua disposição e pode, inclusive, dominar grandes territórios e, desta forma, submeter os moradores de uma determinada região às suas regras e desejos. Esse criminoso – traficante, miliciano, por exemplo – tem poder, tem armas e pode coagir inúmeras pessoas. Contudo, embora tenha poder, esse criminoso não tem autoridade. A autoridade é um poder autorizado pela lei, tutelado pelas leis. A autoridade, portanto, além de ser um poder autorizado, é exercida de forma legítima. O poder do criminoso é real, concreto, mas não é autorizado e nem legítimo. Quando o Estado não tem condições de exercer seu poder e estar presente em um dado território, esse poder não fica órfão e, não raro, é exercido por grupos que dominam ao arrepio da lei e da ordem.

Desde Montesquieu (1973), temos a ideia de que o poder não pode ser mais concentrado nas mãos de um único ser, um soberano com poder absoluto. Para Montesquieu, o poder deve ser tripartido: Executivo, Legislativo e Judiciário. Desta forma, na democracia, os membros do Poder Executivo e do Poder Legislativo são eleitos, escolhidos por meio do voto (de formas distintas a depender do sistema político e eleitoral de cada país). No Executivo, o voto referenda os prefeitos, os governadores e o presidente da república; nos níveis municipal, estadual e federal, respectivamente. No Legislativo, votamos para vereador, deputado estadual, deputado federal e senador da república; também nos níveis municipal, estadual e federal. No Brasil, por exemplo, a cada dois anos temos eleições: em 2020, eleições municipais (vereadores e prefeitos); em 2022, eleição para deputados (estaduais e federais), senadores, governadores e presidente da república.

3. A POLÍTICA E A BUSCA DO PODER

A política, queiramos ou não, está presente em nossas vidas. Numa democracia saudável, com um bom nível de consciência crítica e de cidadania, o voto encontra uma temporalidade bem específica. Há o período que antecede as eleições, no qual o cidadão trava contato com os candidatos, conhece suas trajetórias e suas propostas; há o período eleitoral, a festa cívica da democracia, caracterizado pela campanha eleitoral, pelos debates e pela intensificação das interações entre os atores políticos e sociais; e, por fim, há o período posterior às eleições, no qual os cidadãos acompanham aqueles que foram eleitos a fim verificar o andamento do mandato e se as promessas de campanha e plano de governo estão, realmente, sendo colocados em prática.

Como conviver numa sociedade tão diversificada, com ideias, valores e ideologias políticas tão distintas? Há, no bojo da democracia, aqueles que abusam da liberdade de expressão para defender o fim da democracia e a promulgação de regimes autoritários, de ditaduras que, em suas lógicas, vão restringir ou anular essa liberdade de expressão. Como dialogar num contexto social perpassado pelas desigualdades (étnicas, de gênero, educacionais, de renda, regionais, por exemplo)? No campo da ideologia política, observa-se reacionários, conservadores, progressistas, liberais, comunistas, monarquistas, esquerdistas, centristas, direitistas, social-democratas, ambientalistas, enfim, um sem-número de ideologias que assumem valores diferentes, especialmente, em relação ao Estado, aos projetos de sociedade e na utilização do poder. Disto, depreende-se que o conflito faz parte da vida em sociedade e, atualmente, a diversidade imprime novos desafios à convivência e ao diálogo entre visões de mundo diferentes que podem ou não se expressar por meio de partidos políticos ou de grupos organizados.

A convivência entre indivíduos, grupos e classes sociais tão diferentes pode, por conta disso, dificultar o diálogo e a construção de alternativas coletivas e, por isso mesmo, reclama – com força – a política e a democracia. A política, no caso, permitirá que os conflitos se expressem dentro de limites e que os adversários em relação a um determinado tema não sejam tratados como inimigos. O inimigo, nos conflitos bélicos, deve ser eliminado. Na democracia, temos adversários, e o adversário hoje pode ser meu aliado amanhã. O ódio que mobiliza os sentimentos e que estigmatiza, politicamente, o outro como inimigo, vai na direção oposta da política e da democracia. Sem a política e a força dos argumentos, resta-nos o argumento da força, a violência, o poder sem autoridade.

O cientista político Marco Aurélio Nogueira faz uma apaixonada defesa da política em sua obra, não à toa intitulada *Em defesa da política*.

Para Nogueira:

> "A política é luta apaixonada, entrega e dedicação. Como aposta nas vantagens da comunidade – do latim *communitate*, referente ao que é comum –, a política é acima de tudo aposta na participação política: disposição para interferir nos rumos das coisas, ser sujeito ativo dos processos que dizem respeito a todos e a todos comprometem. Em seus estágios mais avançados, é aposta na participação democrática, dedicada a refundar o poder, a transformá-lo em algo mais acessível, menos ameaçador, mais compartilhado." (NOGUEIRA, 2001, p. 28)

Nogueira compreende que, no campo político, as coisas não são fáceis, dada a diversidade de visões de mundo e de valores e, mesmo assim, afirma que:

"A política solicita uma concessão difícil de ser feita: ela pede que os indivíduos e os grupos saiam de si mesmos, moderem-se, ultrapassem-se, ponham-se da perspectiva dos demais. Seu grande desafio é criar as condições para que se passe da defesa dos interesses particulares para a construção e a defesa do interesse geral." (NOGUEIRA, 2001, p. 29)

E mais:

"A política nos ajuda a não sufocar a diferença e a contradição: auxilia-nos a integrar desejos, vontades e interesses numa convivência coletiva. Oferece-nos mais chances de domesticar a autoridade, a arrogância, o poder. Dá-nos a possibilidade de admitir e reconhecer o conflito, de conviver pacificamente com ele, pois nos oferece uma trilha por onde fazer com que o conflito produza energia positiva, construa, em vez de paralisar ou destruir". (NOGUEIRA, 2001, p. 29)

A política encarada como guerra, adversário entendido como inimigo, não é apenas conflito, como distancia-se da convivência e do diálogo democrático.

3.3. O poder: meios e fins

Nicolau Maquiavel (2010) e sua obra clássica *O príncipe* são bastante conhecidos. Maquiavel tornou-se referência obrigatória no campo da teoria política por sua capacidade assentada no seu modelo metodológico de entender a realidade tal como ela é e não como gostaríamos que ela fosse. Maquiavel traz a política para o bojo da sociedade e, para ele, a política e o poder existem por conta da natureza humana, que, segundo o florentino, é maligna. Os homens, nesta perspectiva, são ingratos, volúveis, simuladores e covardes em relação ao perigo, mas ávidos por lucro. A esta altura, lendo um pouco acerca de Maquiavel, o leitor e a leitora já encontram na lembrança uma famosa frase: "os fins justificam os meios".

É bastante comum que tal frase seja associada a Maquiavel e, por isso, é como se ela estivesse presente na obra *O Príncipe*. Não está. O que Maquiavel assevera em seu tratado político é que o governante deve conquistar o poder e, não menos importante, manter esse poder. Quanto à atitude do governante, é necessário que ele compreenda que está num contexto social em que a malignidade é parte constituinte da natureza humana. Assim, um príncipe (político, governante) virtuoso, bondoso e verdadeiro seria presa fácil num ambiente no qual a busca ou a tentativa de tomar o poder encontrará a vaidade, a mentira e a crueldade como práticas rotineiras. O poder político, portanto, é consequência destes desdobramentos malévolos característicos dos seres humanos.

Assim, numa leitura apressada e rasa de Maquiavel, gerou-se o termo "maquiavélico" como aqueles que são capazes de tudo para atingir seu objetivo, que é conquistar e manter o poder. Desta forma, se o objetivo – o fim – é o poder, seriam lícitos todos os meios para alcançá-lo e mantê--lo: "os fins justificam os meios".

Seria ingenuidade acreditar que o político não deseja exercer o poder. Claro que ele deseja. Todavia, a pergunta a ser feita é: quer o poder como um meio para algo ou como uma finalidade em si mesmo? Há quem deseje conquistar o poder para dele auferir vantagens para si e para o seu grupo. Quer o poder, pois, com ele, pode mandar

3. A POLÍTICA E A BUSCA DO PODER

e encontrar obediência. Pode, ainda, ter ao seu redor um séquito de bajuladores a lhe fazer todas as vontades e sempre lhe agradar com falas encorajadoras e elogiosas, nunca qualquer tipo de crítica. Esse político que se contenta com esse poder parece ter atingido sua meta: o poder como "fim" em si mesmo, para ganhos materiais ou simbólicos.

Do outro lado, encontram-se os que entendem um poder como um "meio" para atingir outros objetivos. Imagine-se um professor que, por toda a sua vida, esteve em muitas escolas. Essa experiência, em sala de aula, na sociedade, fez com que sua visão de mundo seja voltada para a importância da educação como mecanismo de melhoria das condições de vida de crianças e jovens, bem como da necessidade de escolas em tempo integral, educação digital, prática esportiva e exercício pleno da cidadania. Esse professor gostaria que seu conhecimento e desejo de trabalhar pela educação fosse mais amplo do que naquelas escolas que trabalha ou trabalhou. O professor, portanto, poderá, nas eleições, candidatar-se a deputado federal, já que sabe que são eles os responsáveis pela proposição e aprovação de leis. Se eleito, terá poder, sem dúvida. Todavia, esse poder – influência no meio político, assessores sérios e bem-preparados e estrutura à disposição – será um "meio" para uma finalidade maior: a luta pela educação para crianças e jovens.

A política, segundo Nogueira (2008), não pode ser concebida sem o poder. A política é balizada pelo poder: por sua conquista, pelo seu exercício ou por sua derrubada. Faz-se política a partir do poder, tendo em vista o poder, contra o poder ou em direção ao poder. Entretanto, a política não é só isso. Ela é uma aposta na vida coletiva e suas vantagens, e um espaço que permite se ampliar as margens da liberdade e de se construir os fundamentos da vida em sociedade.

O poder como um "meio" e não como um "fim" em si mesmo é, no reino da política, um elemento que advoga pela luta de ideias e valores direcionados para uma organização da vida coletiva e que reconheça que conflitos existem, mas que serão resolvidos por meio do diálogo e das leis e não pela força ou arrogância dos poderosos de ocasião.

3.4. O discurso político ainda tem relevância num ambiente de *fake news*?

Na política, o uso da palavra é essencial, seja o político que sabe escrever bem ou o que sabe falar bem. Se bem que, atualmente, é cada vez mais raro políticos que se dediquem a escrever artigos de opinião para jornais e revistas. No que tange à fala, ao domínio da palavra no universo da oralidade, existem políticos que são exímios oradores e dominam as facetas do discurso político.

Um dos importantes estudiosos do discurso político é Patrick Charaudeau, com sua obra *Discurso Político*. O ator político, quando faz uso da palavra proferindo um discurso, encontra, geralmente, três públicos distintos: 1) os que lhe são favoráveis; 2) os que lhe são contrários; e 3) aqueles que tem dúvidas e, por isso, posição incerta. Recomendam os especialistas em marketing político que um candidato, por exemplo, não gaste sua energia com aqueles que já o apoiam ou com os que jamais irão lhe apoiar. Importante, no caso, é conquistar aqueles que estão incertos, na dúvida se poderão ou não aceitar aquele discurso, aquelas propostas e se encaminhar com o candidato.

A palavra e sua funcionalidade na política – por meio do discurso – reclama importância capital, já que, ao se buscar maior adesão às suas palavras, o político acaba expressando não apenas sua visão política (ideológica e partidária), mas, também, sua visão de mundo, ideias, valores e projetos.

Em termos lógicos, é possível encontrar, no discurso político, um roteiro que, na maioria das vezes, é bem delineado. Assim, Charaudeau (2006) indica que na ação discursiva dos políticos há a construção de um cenário que aponta para: a) uma desordem social; b) a origem do mal e c) a solução salvadora. Em relação à desordem social, pode-se exemplificar como um cenário de alto desemprego e crise econômica. Indicada a desordem social, parte-se para a indicação de que o cidadão é uma vítima e a origem do mal é de responsabilidade de seus adversários, governos anteriores ou de outras nações. Na sequência, apresenta-se a solução salvadora que, obviamente, é daquele político, e esta solução costuma, na maioria das vezes, ser simplista, pouco complexa, e isso consegue ser transmitida com facilidade. No discurso, o político apresenta-se como portador da compreensão do problema e se propõe a resolvê-lo para salvar os cidadãos em detrimento dos "inimigos" (os seus adversários).

Ainda para Charaudeau:

> "O governo da palavra não é tudo na política, mas a política não pode agir sem a palavra: a palavra intervém no *espaço de discussão* para que sejam definidos o ideal dos fins e os meios da ação política; a palavra intervém no *espaço de ação* para que sejam organizadas e coordenadas a distribuição das tarefas e a promulgação das leis, regras e decisões de todas as ordens; a palavra intervém no *espaço da persuasão* para que a instância política possa convencer a instância cidadã dos

fundamentos de seu programa e das decisões que ela toma ao gerir conflitos de opinião em seu proveito." (CHARAUDEAU, 2006, p. 21)

Neste livro, temos como foco as *fake news* na política. Nossa realidade se impõe como uma sociedade hiperconectada e as redes sociais, com seus algoritmos e formação de bolhas de opinião, ganham relevância no processo político. As *fake news*, bem como pós-verdades, teorias da conspiração e negacionismos corroem as palavras e, no limite, corroem o campo da razão e das relações democráticas.

Os políticos que, como dissemos, escrevem bem e discursam bem, perdem espaço na disputa política. As *fake news* vão, paulatinamente, intoxicando o ambiente social e político, e a verdade factual, objetiva e empiricamente verificável é escanteada. Os políticos que se dispõem ao debate e que se colocam na posição de interlocutores de seus adversários tornam-se alvo das *fake news*. Cada dia que passa, o discurso político deixa de ser construído à luz da razão, da boa argumentação lógica, dos elementos da retórica e se apequena num amontoado de *fake news*.

Quando políticos buscam o debate, com respeito aos adversários e, principalmente, aos cidadãos, querem, com isso, apresentar suas ideias e projetos para a sociedade. Querem diferenciar-se dos demais e se mostrar merecedores do voto da confiança do cidadão em uma determinada disputa política. Querem, assim, propor uma política, no discurso e na prática, generosa e positiva. Estes políticos, comprometidos com a boa política e o bom discurso, ficam perdidos, atordoados, num espaço de proliferação de *fake news*. Ao tentarem persuadir os cidadãos, começam a entender que o "jogo" mudou de patamar e que os argumentos racionais pouco importam quando o mundo está repleto de memes, lacração e ódio.

Políticos, jornalistas, intelectuais e cientistas políticos costumam ficar estupefatos quando uma teoria da conspiração – repleta de *fake news* – viraliza nas redes sociais e causa diversos prejuízos. As *fake news* não são simples notícias falsas, meros equívocos. São produzidas e são fraudulentas e têm como objetivo o ganho monetário ou o prejuízo das reputações e das campanhas dos adversários considerados inimigos.

A mídia tradicional – jornais, revistas, rádio e televisão – cai numa armadilha ao repercutir de forma indignada as *fake news*, pós-verdades e teorias da conspiração. Jornalistas profissionais estão, não raro, ao lado de especialistas para desmontar, ponto por ponto, as *fake news*. Passam parte do tempo de um telejornal informando a partir dos pressupostos que aprenderam nas universidades: ouvem as fontes, usam do senso crítico, apresentam dados, etc. Terminam seu trabalho satisfeitos, pois acreditam que, com isso, eliminaram aquela *fake news*. Ledo engano. Os formuladores das *fake news* é que estão extasiados, pois suas criações ganharam o horário nobre, invadiram o espaço da mídia tradicional, pautaram o sistema e o *establishment*.

Da Empoli (2019) afirmou que Donald Trump acabou se convertendo num *troll*, pois, ao criar uma polêmica acerca da certidão e do nascimento de Barack Obama, fez com que o ex-presidente norte-americano *fosse a público desmentir o trolling*. No universo da Internet, no bojo das redes sociais, o *troll* é aquele que faz comentários que chegam a desestabilizar uma discussão, é um provocador e gera raiva, ódio, intoxicando o ambiente. A classe política e os jornalistas americanos classificavam Trump como indigno, miserável e repulsivo. Trump, depois de desmascarado em suas *fake news*, não se desculpava e dizia que não havia feito as afirmações que estavam gravadas e eram públicas. Na verdade, ele partia para novas rodadas de ataques, de "trollagem". Ainda segundo o autor, as disputas contra Trump significavam que seus adversários eram lançados num pátio de escola na presença de um valentão obtuso, mas extremamente capaz e eficaz na arte de ridicularizar professores e os alunos inteligentes.

No Brasil governado pelo Presidente Jair Bolsonaro, esse comportamento se reproduziu. Se, nos EUA, Trump teve assessoria de Steve Bannon; no Brasil, Bolsonaro tinha proximidade com o escritor Olavo de Carvalho. Os adversários políticos de Bolsonaro, bem como parte da mídia e dos analistas políticos, não acreditavam em sua vitória eleitoral em 2018. Todavia, foi vitorioso e iniciou seu governo. De início, muitos acreditavam que sua retórica inflamada e o comportamento confrontador seriam acalmados pelo exercício do mandato presidencial, pela liturgia do cargo. Imaginava-se que a campanha era uma coisa e governar era outra. Para surpresa dessas pessoas, Bolsonaro manteve seu tom eleitoral e seus ataques a pleno vapor durante o mandato presidencial. Com isso, conseguiu manter sua base de apoio – os bolsonaristas – coesa e constantemente inflamada, nas ruas e nas redes. Dar apelidos para os adversários e ridicularizá-los, divulgar *fake news*, assentar sua visão de mundo em teorias da conspiração e pós-verdades foi cotidiano em seu governo, bem como atacar jornalistas que, ao questioná-lo, eram alvo de desrespeito dele e de sua militância.

Em *Guerra Cultural e Retórica do Ódio: crônicas de um Brasil pós-político*, João Cezar de Castro Rocha esmiúça a linguagem

3. A POLÍTICA E A BUSCA DO PODER

que denomina de "retórica do ódio" e, no caso, traz à tona dezenas de textos de autoria de Olavo de Carvalho e do resultado deste estilo. Em suas palavras:

> "O resultado desse, digamos, estilo, foi a emergência do *efeito Olavo de Carvalho*, isto é, a difusão de uma linguagem própria e vagamente conceitual; a disseminação da *retórica do ódio* como forma de desqualificar adversários; o palavrão como argumento de autoridade; a reconstrução revisionista da história da ditadura militar; a identificação do comunismo inimigo eterno a ser eliminado uma e outra vez (e sempre de novo); a presunção de uma ideia bolorenta de alta cultura; a curiosa pretensão filosofante; a divertida veneração pelo estudo de um latim sem declinações e pelo desconhecimento metódico de um grego, grego de fato; a elaboração de labirínticas teorias conspiratórias de dominação planetária; a adesão iniciática a um conjunto de valores incoerentes; a utilização metódica da *verve* bocagiana, aqui reduzida a três ou quatro palavrões e a dois verbos – bem entendido: *ir* e *tomar*." (ROCHA, 2021, p. 72)

A similaridade comportamental de Trump e Bolsonaro foi rapidamente compreendida naquilo que havia de essencial: a trollagem, as *fake news* e um carisma que exerce fascínio em parcela expressiva dos cidadãos. Chega-se à triste conclusão de que, neste ambiente social tóxico, o discurso político vai perdendo relevância em face das *fake news* e suas conexões (pós-verdade, teorias da conspiração e negacionismo).

3.5. A política tem jeito?

Chegamos, agora, à questão: a política tem jeito? Num ambiente poluído de *fake news*, pós-verdade, teorias da conspiração e vários tipos de negacionismo, como se dá o exercício da política?

Indivíduos e grupos sociais – no Brasil e no mundo – enchem os pulmões para bradar que odeiam a política e os políticos. Numa atividade, em sala de aula, para jovens universitários, o professor pediu que eles, rapidamente, escrevessem três palavras que, na visão deles, estariam relacionadas com a política. Das tantas palavras escolhidas pelos jovens, o primeiro lugar ficou com três empatadas: corrupção, poder e eleições. Na sequência, discutindo com os alunos os temas afeitos à política, segundo suas próprias escolhas, constatou-se que o desgosto, a incompreensão e o ódio estavam presentes.

Desgosto foi indicado pois alguns jovens até gostariam de participar mais, contudo, entendem que, por mais que existam bons políticos, o ambiente institucional do exercício do poder é ruim e acaba por corromper. A incompreensão está relacionada à dificuldade de entendimento da divisão entre os Poderes (Executivo, Legislativo e Judiciário) e das esferas, no Brasil, do município, do estado e da União. Muitos até se recordam em quem votaram ou vão votar para presidente e governador, mas não fazem ideia de quem serão os escolhidos para as funções de deputado estadual e federal e senador da república. Foi, por fim, quase unânime a fala que assevera que a política está tomada pelo ódio, que os políticos brigam entre si e que isso acaba impactando nos relacionamentos com a família, com os amigos, na escola, na universidade e no trabalho. Muitos até têm vontade de falar

3. A POLÍTICA E A BUSCA DO PODER

mais e participar mais da política, entretanto, recolhem-se por reconhecer que o ódio gera ataques, ressentimentos e rompimentos de amizades e relacionamentos. Numa política saturada por ódio, o medo é presente e produz distanciamento e passividade, uma postura de espectador, de quem não se sente confiante para debater ou até se sente confiante, mas imagina que vai arrumar confusão e desgaste emocional.

Uma possibilidade de se equacionar essas questões está no seguinte questionamento: o que há de comum entre todos os políticos, do mais honesto, democrático e comprometido até o mais corrupto e autoritário? A resposta é límpida: todos, ainda que pesem algumas distorções do sistema representativo e proporcional de eleições, receberam o voto do eleitor e a confiança dos cidadãos.

Na universidade, numa disciplina de Introdução às Ciências Sociais, a primeira parte do conteúdo refere-se aos conceitos fundamentais da Política (poder, autoridade, legitimidade, sistema eleitoral, Estado, etc.) e depois estuda-se os autores clássicos da Teoria Política (Nicolau Maquiavel, Thomas Hobbes, John Locke, Montesquieu e Jean-Jacques Rousseau). Após aulas expositivas, atividades em grupo, discussões, há uma atividade avaliativa e a proposta é explicar um trecho selecionado pelo professor à luz de tudo aquilo que foi lido, discutido e problematizado em sala de aula.

O trecho, indicado na atividade avaliativa, é o seguinte:

"Auditórios do Brasil inteiro fazem seguidas declarações de decepção e cansaço em relação à política. Em inúmeros plateias de executivos, de engenheiros e servidores públicos, de jovens e donas-de-casa, de médicos e assistentes sociais, até mesmo de professores e advogados, é comum alguém se erguer para propor que se liquide pelo menos um político por dia como forma de resolver os problemas do país [...]

O quadro geral é de descrença e desilusão. A grande maioria simplesmente se deixa levar. Perde a fé na vida pública, entrega-se ao fatalismo e à resignação, ao deslumbramento perante o poder, caindo nos braços dos ilusionistas de plantão [...]

Os políticos profissionais são intermediários, representantes, lideranças. Vivem e agem no interior de um sistema. A boa ou a má qualidade deles depende da qualidade dos que são por eles representados, dos valores que prevaleçam e da armação institucional em que operam [...]

Sair em defesa da política, portanto, não é algo que se confunda com a defesa dos políticos ou das instituições que nos governam; é, ao contrário, uma operação destinada a defender a hipótese mesma da vida comunitária. Corresponde à necessidade vital de manter abertas as comportas de oxigênio, para que possamos continuar a respirar". (NOGUEIRA, 2001, p. 9-11)

A obra já referida de Marco Aurélio Nogueira, *Em defesa da política*, é de 2001, portanto, já com ampla noção dos fenômenos da globalização, da sociedade em rede e da necessidade de se defender a política objetivando-se afastar a autocracia, a arrogância e a antipolítica. Nogueira faz, portanto, uma necessária e importante defesa da política, daquilo que ele considera a política com muita política, a política ativa dos cidadãos.

É fundamental ter em mente a seguinte afirmação: "A boa ou a má qualidade deles [os políticos] depende da qualidade dos que são por eles representados, dos valores que prevaleçam e da armação institucional em que operam". Políticos democráticos, éticos e republicanos têm espaço numa sociedade que valoriza e pratica tais valores.

Há, aqui, duas dimensões: a mais próxima é a da escolha de nossos representantes, por meio do voto; a outra, mais distante, é a armação institucional, ou seja, as instituições e organizações nas quais os políticos desenvolvem suas atividades, as várias partes constituintes dos sistemas atrelados aos Poderes Executivo e Legislativo. O cidadão pode, neste caso, individualmente ou em grupo, tomar consciência crítica da importância da política para vida coletiva. Pode, ainda, combater – à luz da cidadania – as posturas passivas, de espectadores, do processo político e tornar-se protagonista no cenário em tela. Obviamente, é mais complexo e difícil que o cidadão possa impactar o ambiente institucional, como, por exemplo, mudar procedimentos das câmaras de vereadores ou do Senado da República. Mas, nos tempos que correm, com transmissões ao vivo, nas televisões ou nas redes sociais, nas páginas pessoais dos políticos e nas páginas institucionais, é possível interagir: acompanhar, cobrar e fiscalizar os detentores de cargos públicos.

Uma grande contribuição que os cidadãos podem dar ao processo político é a capacidade de discernimento, de aprender a não apenas olhar a política e sim de examiná-la. Para isso, eles têm hoje à disposição um vasto repertório de informações e conhecimento. Neste caso, valorizar a educação escolar, acompanhar o jornalismo profissional, ler, discutir e questionar ideias e ideologias; valorizar o debate, respeitando o interlocutor que, no caso, pode ser um adversário político e jamais um inimigo; e, importantíssimo, valorizar a democracia, pois não há democracia sem democratas, de cidadãos que condenem e denunciem os vários tipos de autoritarismo e de autocratas, bem como os sedutores discursos populistas.

Se a política tem jeito? Tem sim! Identificar as *fake news* e compreender a corrosão que elas causam aos alicerces da democracia é fundamental. Ter capacidade crítica para, depois de identificar, não compartilhar e, sempre que possível, atuar, pedagogicamente e com humildade, em relação a quem envia essa *fake news*. Com leitura, estudando ou dos jornais, aprende-se a detectar o absurdo das teorias da conspiração, das pós-verdades e dos variados negacionismos.

A sociedade, o conhecimento, a razão, a política e, no limite, a democracia estão sob ataque. É necessário resistir. Resistir ao simplismo e à superficialidade. Fugir do ódio, da violência e da irresponsabilidade. Opor-se às personalidades autoritárias sem cair na armadilha da resposta ou postura arrogante e violenta. Tomar, para si e para nossos grupos de convivência, a importância da razão, da verdade factual, do conhecimento histórico e da ciência.

Nada disso, sabemos, é fácil, mas é primordial para conservar os valores caros à democracia e aos princípios republicanos. As *fake news* não desaparecerão. As mentiras, no campo da política, estão presentes desde tempos remotos. Mesmo tendo força e não desaparecendo, pois acionam as emoções, as *fake news* na política podem ser reduzidas e capturadas pela inteligência e pelo otimismo de dias melhores.

A política tem jeito! E precisa de todos!

4. *Fake News* e Política: Parceiros de Longa Data

A parceria das *fake news* com a política vem de longa data. Aliás, pode-se até ponderar que não há política sem que, em maior ou menor grau, faça-se usos variados de mentiras, omissões, distorções e, nos tempos atuais, as *fake news*. A seguir, muitos exemplos desta parceria em contextos sociais distintos.

"O mundo inteiro é uma cena." Com essa simples frase, William Shakespeare definiu a política, onde somos todos atores envolvidos num jogo de paixões e interesses e a dissimulação e teatralidade são, na realidade, os atores principais.

Fake news são informações produzidas com o objetivo de fornecer informações falsas. **São mentiras**. Elas não são, de forma alguma, algo novo. E suas relações não são, também de forma alguma, positivas. Certamente, o fato de o dicionário Oxford ter elegido o termo "pós-verdade" como a palavra do ano em 2016 trouxe um debate em torno das notícias falsas. A verdade é que a falsa notícia existe desde que o mundo é mundo. Ela está presente nos textos mais antigos, na mitologia grega, em textos bíblicos, e sempre fez parte das estratégias de dominação. O que vemos hoje é que, por meio da mídia e das redes sociais, há um aceleramento de propagação. E nos perguntamos: será da própria essência da verdade ser impotente e da própria essência do poder enganar?

O filósofo grego Górgias de Leontinos escreveu que a opinião, "sendo incerta e inconstante, lança a incertos e inconstantes sucessos os que a ela se confiam". Epicteto também dizia que a opinião é uma falsa representação, bem como Galeno que afirmou que a opinião não tem nenhum valor na produção de conhecimento aceitável. Sócrates também falava sobre as mentiras repassadas.

E o ponto é que tanto o discurso comprometido com a verdade quanto aquele comprometido com o falso são persuasivos. Quantos persuadiram e persuadem outras pessoas a propósito de outras tantas coisas forjando um falso discurso? E, acertadamente indo nessa linha, no substrato do discurso falso, está a opinião que muitos chamam hoje de *fake news*, de modo que os muitos, sobre muitas coisas, buscam com a alma a opinião conselheira. E a opinião, sendo incerta e inconstante, lança a incertos e inconstantes sucessos os que a ela se confiam. Nós sempre convivemos com mentira, a diferença agora é a escala global que ela tem.

Muitos dos casos aqui sistematizados costumam ser retratados em estudos que buscam observar o fenômeno das *fake news* à luz da história. O primeiro exemplo remonta aos idos dos anos 44 a.C., precisamente na guerra civil que decorreu do assassinato de Júlio César, já no fim do Império Romano (KAMINSKA, 2017; POSETTI; MATTHEWS, 2018). A luta de poder entre o general Marco Antônio e o então sucessor de Júlio César, o filho adotivo Otaviano, teria correspondido a uma "guerra de desinformação sem precedentes" segundo esses estudiosos. Otaviano usava slogans curtos em moedas porque entendia que mensagens curtas eram espalhadas em esquinas, ruas e cidades como tentativa de arruinar a reputação de Marco Antônio, figura respeitada entre as tropas militares, ao narrar episódios que exploravam seu lado "mulherengo e bêbado".

Assim:

> "Otaviano sabia que, se conseguisse convencer o público disso, colocava-se ele próprio na posição de romano, virtuoso e tradicional - e que Antônio representaria tudo o que era estrangeiro, bárbaro e ilegítimo - e que seria capaz de criar um clima político excepcionalmente forte." (KAMINSKA, 2017, p. 39)

Um exemplo de *fake news* que perdura até hoje é em relação aos judeus. No século 15 d.C, uma corrente de boatos sobre os judeus espalhou-se com tanta força que, até hoje, quando alguns querem ofender, usam essas mentiras. A prensa de Johannes Gutenberg (1439) já havia sido inventada e boatos em Trento, na Itália, davam conta que judeus bebiam sangue.

Isso ocorreu em 1475, na Idade Média, quando o frade Bernardino de Feltre pregou em uma série de sermões que uma criança havia sido sequestrada e assassinada por judeus. Para completar o horror, o frade disse que o corpo da vítima havia sido encontrado no porão de uma casa cujos moradores eram judeus, que teriam bebido o seu sangue na Páscoa.

Em Platão (427-347 a.C.) e Maquiavel (1469-1527) já se vislumbrava a presença desse artifício da persuasão discursiva entre governos e intelectuais ligados às autoridades nacionais. Desde o período clássico, a objetivação da manutenção do poder se dá por meio do uso de mentiras.

Na metáfora "Três Peneiras" de Sócrates, baseada na "verdade, bondade e necessidade", o pensador fala sobre as mentiras e eu vou reproduzir aqui.

Um rapaz procurou Sócrates e disse-lhe que precisava contar-lhe algo sobre alguém. Sócrates ergueu os olhos do livro que estava lendo e perguntou:

– O que você vai me contar já passou pelas três peneiras?

– Três peneiras? – indagou o rapaz.

– Sim! A primeira peneira é a VERDADE. O que você quer me contar dos outros é um fato? Caso tenha ouvido falar, a coisa deve morrer aqui mesmo. Suponhamos que seja verdade. Deve, então, passar pela segunda peneira: a BONDADE. O que você vai contar é uma coisa boa? Ajuda a construir ou destruir o caminho, a fama do próximo? Se o que você quer contar é verdade e é coisa boa, deverá passar ainda pela terceira peneira: a NECESSIDADE. Convém contar? Resolve alguma coisa? Ajuda a comunidade? Pode melhorar o planeta? Se passou pelas três peneiras, conte! Tanto eu, como você e seu irmão iremos nos beneficiar. Caso contrário, esqueça e enterre tudo. Será uma fofoca a menos para envenenar o ambiente e fomentar a discórdia entre irmãos, colegas do planeta.

Mas nem todos levam tão a sério os conselhos de Sócrates.

Os cristãos, por exemplo, começaram a ser alvo de boatos quando o imperador Nero os responsabilizou pelo grande incêndio ocorrido em Roma. Eram rejeitados por não participarem das celebrações cívicas aos deuses. Insultos e acusações começaram a circular na sociedade. Uma má interpretação da eucaristia "beber o sangue de Cristo" e "comer o corpo de Cristo", por exemplo, fez com que os cristãos fossem acusados de canibalismo. E também de incesto, pois chamavam uns aos outros de Irmãos. Em pleno 2022, vemos ainda essas interpretações acontecendo quando tudo o que se fala ou escreve é levado ao "pé da letra" para reforçar seu entendimento ou seu ponto de vista.

A série de julgamentos das Bruxas de Salém, entre 1692 e 1693, levou à execução de 20 pessoas – cinco outras morreriam aprisionadas. O episódio foi um dos muitos que surgiram com a circulação do livro Malleus Maleficarum, de 1487, que dizia, entre outras coisas, que toda mulher tinha tendência a se tornar bruxa. Não só elas, como homens, foram torturados e queimados no esforço de confessar que voavam ou que tinham relações sexuais com o diabo.

Os católicos viveram sob clima de constante tensão na Inglaterra do século 17: um protestante chamado Titus Oates maquinou um plano para manchar a reputação dos fiéis. A chamada Conspiração Papista era um esquema fictício que afirmava que os católicos pretendiam assassinar o rei Carlos II da Inglaterra. Como resultado, 22 homens já tinham ido para a forca antes de a mentira de Oates ser desmascarada. A mentira como forma de convencer os outros existe desde sempre e talvez um dos momentos mais emblemáticos dela é no texto *Os Protocolos dos Sábios de Sião*. Esse é um texto antissemita que descreve um alegado projeto de conspiração por parte dos judeus e maçons para atingirem a "dominação mundial por meio da destruição do mundo ocidental". De acordo com o Museu Memorial do Holocausto dos Estados Unidos, o texto influenciou o nazismo e permanece em circulação até os dias atuais, sobretudo na internet.

O jornal britânico *The Times* revelou em um artigo de 1921, escrito pelo jornalista Philip Graves, que o texto era uma falsificação que apresentava diversas passagens plagiadas de *Diálogo no Inferno entre Maquiavel e Montesquieu*, obra satírica do escritor francês Maurice Joly.

Às vezes a mentira pode ser tão simples como não dizer toda a verdade, como da vez em que um primeiro-ministro prussiano colocou metade da Europa em guerra simplesmente editando as cortesias comuns de um mero telegrama. O ano era 1870. Otto Von Bismarck tinha duas coisas: um nome engraçado e um sonho. O nome é autoexplicativo; o sonho era unir os estados alemães díspares. A maneira mais eficaz de fazer isso era coletivamente expulsar a França, e a oportunidade se apresentou quando a França enviou seu embaixador, o conde Vincente Benedetti, para falar com o rei William I da Prússia. William enviou um telegrama para Otto Von Bismarck, informando-o da reunião e pedindo-lhe para compartilhar os detalhes com a imprensa. Mas, quando Bismarck publicou o telegrama, ele editou cada pedaço da sua linguagem rebuscada, encurtando uma quantidade de quase 200 palavras pela metade. No momento em que Bismarck terminou a edição, o telegrama começava como um insulto quase pessoal e terminava com o rei basicamente dizendo ao embaixador francês dar o fora dali e nunca mais se preocupar em voltar.

Em 1903, o jornal russo *Znamya* ("A Bandeira"), publicou, de forma seriada, trechos do livro *Os Protocolos dos Sábios de Sião*, mas a versão que perdura até hoje e que foi traduzida para dezenas de idiomas foi publicada pela primeira vez em 1905, como um apêndice ao texto do escritor e místico russo Sergei Nilus intitulado *Os Grandes e os Pequenos: A Vinda do Anticristo e o Domínio de Satã na Terra*.

Alexandre Koyré (1892-1964), num texto publicado em 1943, inicia a sua reflexão sobre a mentira na política da seguinte forma:

"nunca se mentiu tanto como nos dias que correm. Nem de modo tão desavergonhado, sistemático e constante. Isso pouco importa dir-nos-ão, talvez: a mentira é tão velha como o mundo ou, pelo menos, quanto o homem: mendax ab initio". (KOYRÉ, 1996, p. 1)

E, continua:

"é incontestável que o homem sempre mentiu. A si próprio mentiu. E aos outros. Mentiu por prazer – o prazer de exercer essa espantosa faculdade de dizer o que não é e de criar, pela palavra, um mundo que tem nele o único responsável e autor. Mentiu também por defesa: a mentira é uma arma". (KOYRÉ, 1996, p. 3)

Alfred Rosenberg, ideólogo do Partido Nazista, apresentou uma cópia dos Protocolos a Hitler no início da década de 1920, período em que o futuro líder nazista desenvolvia sua visão do mundo. Em alguns de seus primeiros discursos políticos, e ao longo de sua vida, Hitler fez referência aos Protocolos, explorando o mito de que os "judeus bolcheviques" conspiravam para dominar o mundo.

A Segunda Guerra Mundial começou em 1º de setembro de 1939, quando os nazistas invadiram a Polônia. Um dia antes, enquanto tentava justificar a invasão, Hitler espalhou uma grande quantidade de mentiras em todas as ondas de rádio da Alemanha. O Führer já tinha uma tara em invadir a Polônia há algum tempo, mas para isso ele tinha que convencer a população alemã que ele não era, na verdade, o mal encarnado. Então, dar início à maior guerra de todos os tempos exigiria uma boa desculpa.

Se concebemos a ação política em termos de meios e de fins, podemos mesmo chegar à conclusão de que a mentira pode muito bem servir para estabelecer ou salvaguardar as condições da procura da verdade – tal como há muito assinalou Hobbes, cuja lógica implacável nunca deixa de levar os argumentos para esses extremos em que o seu absurdo se torna evidente.

A verdade é que vivemos em uma época moderna na qual se acredita que a verdade não é nem dada nem revelada aos homens, mas produzida por eles. Então, cada um tem sua verdade. E, para efeito deste livro, a verdade fabricada pode trazer consequências sérias para a política.

Quando se combate a verdade racional, a dominação ultrapassa limites, mas trava batalha no seu próprio terreno quando falsifica e apaga os fatos. É muito difícil a verdade sobreviver aos interesses do poder. A verdade corre sempre o risco de ser colocada de lado, à margem, por meio das manobras para que sua versão prevaleça. E aí surge a opinião travestida.

A partir do fim do século 19, a sociedade civil dos Estados Unidos passou a se preocupar com a questão do relato mais objetivo dos fatos e com a ética na imprensa (FERRE, 1998), o que demandou a profissionalização dos jornais e culminou com a fundação do *The New York Times*, em 1896. Já no século 20, com uma conjuntura política marcada por grandes conflitos mundiais, a propaganda política para controle da opinião pública se tornou estratégia de guerra. Lasswell, um dos maiores estudiosos sobre propaganda política, dizia: "nenhum governo poderia esperar vencer sem uma nação unida por trás dele, e nenhum governo poderia ter uma nação unida por trás dele, a menos que controlasse a mente de seu povo". (LASSWELL, 1938, p. 10). Política envolve também a guerra da comunicação. Diria Lasswell também: "propaganda é a guerra de ideias sobre ideias".

Como estamos falando em Primeira Guerra Mundial, a Alemanha virou alvo de boatos que davam conta da existência de uma fábrica de processamento de corpos de soldados para alimentação da população, em função do bloqueio naval britânico, por volta de 1917, conhecido como "*Kadaververwertungsanstalt*" (na Inglaterra, "*German Corpse Factory*") (POSETTI; MATTHEWS, 2018). A história repercutiu em jornais como *The Times* e *The Daily Mail*, e no chinês *The North China Daily News*.

E falar em propaganda de guerra e não falar de Joseph Goebbels é impossível. Consta que ele tinha centenas de funcionários para trabalhar na manipulação de informação 24 horas por dia (VOLKOFF et al, 2000, p. 54). O Jornalismo não escapou dessa manipulação. Pesquisas indicam que o jornalista britânico Sefton Delmer, que vivia na Alemanha, foi peça mais que fundamental, emitindo conteúdos a favor dos Aliados contra o Eixo. O lema de Delmer era: "só devemos mentir deliberadamente, nunca por acaso ou por negligência". (VOLKOFF et al, 2000, p. 55)

No início dos anos 1950, os israelenses estavam preocupados que os Estados Unidos estavam se tornando excessivamente encantados com Gamal Abdel Nasser, então presidente do Egito e eventual auxílio contra os pesadelos cada vez mais vermelhos na América.

O plano de Israel era simples: explodir bombas caseiras em alvos de propriedade britânica e americana no Egito, e, em seguida, dar de ombros e apontar para o país muçulmano e/ou comunista mais próximo. Isso demonstraria aos americanos que Nasser não era o aliado durão que eles estavam esperando (já que ele não poderia nem mesmo manter a ordem em seu próprio país), bem como convencer os britânicos de que era uma boa ideia continuar a operar uma base militar em Suez. Em julho de 1954, agentes judeus egípcios plantaram com sucesso e detonaram explosivos em bibliotecas, estações ferroviárias e cinemas em Alexandria e no Cairo. Mas, então, tudo foi por água abaixo quando, a caminho de um cinema, um artefato explodiu no bolso do agente Philip Natanson.

As mentiras sempre foram consideradas ferramentas necessárias e justificáveis ao ofício não apenas do político ou do demagogo, mas também do próprio estadista. Hannah Arendt relaciona o conflito entre verdade e política ao surgimento histórico de "dois modos de vida diametralmente opostos – a vida do filósofo, tal como interpretada primeiramente por Parmênides e, depois, por Platão, e o modo de vida do cidadão". (ARENDT, 2005, p. 289)

Em *Truth and Politics*, manuscrito originalmente publicado em 1967 na revista *New Yorker*, a própria Arendt fala da ascensão e do triunfo da mentira "completa e definitiva," que resulta das modernas técnicas mediáticas de "manipulação dos fatos". Aquilo que Arendt considera inquietante é o crescimento desmedido da mentira na esfera política contemporânea, sublinhando que a possibilidade da mentira "completa e definitiva", ainda desconhecida nas épocas anteriores, é o perigo que decorre da moderna manipulação dos fatos, onde os *mass media* ("imprensa de massas") desempenham um papel predominante.

A partir desse raciocínio, a opinião é entendida como o contrário da verdade, equivalente à ilusão, como aponta

Arendt, que vê nesse processo de degradação da opinião o que confere ao conflito entre verdade e política seu mais evidente aspecto político, pois não é a verdade indispensável a todo poder, mas "é a opinião que pertence à classe dos pré-requisitos indispensáveis a todo poder".

Defendendo uma "mutação histórica da mentira" e da prática de mentir devido à ação dos meios de comunicação, Arendt não deixa de sublinhar que "as mentiras foram sempre consideradas necessárias e justificáveis, não apenas à profissão do político e do demagogo, mas também à do homem de Estado". (ARENDT, 2005, p. 237)

Não queremos dizer que a mentira ou a demagogia constituem a essência do discurso político, mas sim reconhecer a impossibilidade de extirpá-las do processo. O que é preciso impedir é que a mentira ou as *fake news* sejam as *real news*.

Nossa época é a da **mentira em massa**. Francis Bacon disse certa vez que "no que se refere às decisões o político deve refletir, não apenas sobre o que fazer ou omitir, mas também sobre aquilo que deve simular." (BACON, 1992, p. 21)

Ao contrário de Hannah Arendt, Kant considera que não há nenhuma mentira útil, inocente ou inofensiva. Pelo contrário, a mentira é algo de mau *a priori*, é algo de mau em si mesmo, independentemente das motivações de origem, ou das consequências que possa ter.

A invasão do Iraque, em 2003, apresenta a utilização da mentira e da disseminação do medo, comprovando que não se deve crer apressadamente que toda a política externa norte-americana foi mudada do dia para a noite em função do ataque surpresa do 11 de setembro de 2001, por mais trágico que este tenha sido. Como já dito anteriormente, a mentira utilizada para fins de captação de poder propicia a realização de manobras políticas nos cenários nacional e internacional que, a rigor, requerem maior cuidado estratégico.

Na instrumentalização da mentira, faz-se possível atacar com outras armas e até mesmo impedir o uso de armas tradicionais; pela via discursiva, posições políticas podem ser revertidas ou desenvolvidas. Nesse jogo, ainda pode permanecer o ideal de soma zero, mas a sua efetivação requererá um estudo diferenciado de oponentes e amigos, e certamente uma atuação pouco convencional.

O próprio Maquiavel aborda a volta ao poder como instrumentalização da mentira.

O Brasil, obviamente, não ficou de fora das *fake news* e as vimos em potência elevada nas eleições de 2018, mas antes disso, em 2014, já presenciamos momentos de mentiras na política.

Em 2014, as mentiras foram a pauta das eleições presidenciais, como aquelas que apontavam que as urnas não estavam aceitando votos no número 45, do PSDB. O candidato do PSDB gravou vídeo direcionado a grupos no WhatsApp para divulgar o site aeciodeverdade.com, por onde sua base eleitoral poderia obter informação para ajudá-ló a desmentir mentiras (CASTRO, 2014). Já a candidata do PT, Dilma Rousseff, repetia sem parar em comícios que a "verdade iria vencer a mentira" ou que havia "muito ódio e mentira" nas eleições. Ainda em 2014, a candidata Marina Silva foi alvo de uma ação de desconstrução por parte do PT de Dilma Rousseff. A narrativa construída acerca de Marina Silva era que, entre outras coisas, ela era apoiada por banqueiros e que sua vitória tiraria o prato de comida da mesa do brasileiro. Em 2018, a proporção foi outra também com o aumento da participação em redes sociais.

A pesquisa TIC [Tecnologias da Informação e Comunicação] Domicílios de 2018 mostrou que o acesso à internet passou de 67% para 70% da população entre 2017 e 2018, o que significa 126,9 milhões de pessoas conectadas, e que os *smartphones* são equipamentos presentes em 93% das residências brasileiras, faixa muito superior a qualquer outro dispositivo: computador portátil (27%), computador de mesa (19%) e *tablet* (14%).

Você pode estar pensando que são poucos *tablets* e *notebooks*, mas não se engane por esses números. O Brasil é um dos maiores consumidores de mídias sociais do mundo. Os números do Facebook mostram o salto de 111 milhões de usuários ativos por mês, em 2016, para 127 milhões em 2018, sendo que 90% acessam suas contas pelo celular. Em relação ao WhatsApp[3], em 2017, o aplicativo reunia 120 milhões de usuários no Brasil – dois anos antes, em 2015, a adesão era de 100 milhões. É curioso que, mesmo com o país tão conectado, uma pesquisa de 2016 do Projeto de Opinião Pública mostrou os brasileiros na penúltima posição, entre 26 países, dos mais céticos em relação à democracia (com 48,2 pontos na escala de 0 a 100). Na mesma linha, um monitoramento do Instituto Reuters informa que somente 48% dos brasileiros confiam em informações obtidas por notícias no ano de 2018, o que foi lido como reflexo da polarização política em ano eleitoral (NEWMAN; ZHANG, 2020).

Após retomar o poder, torna-se mais difícil perdê-lo, e isso ocorre, em parte, devido ao fato de que o príncipe engradece a sua imagem de autoridade responsabilizando punitivamente o povo pelos problemas decorrentes da insurgência. Está claro que o governante objetiva amedrontar o

---

[3] Em:<https://link.estadao.com.br/noticias/empresas,whatsapp-chega-a-120-milhoes-de-usuarios-no-brasil,70001817647>.

seu povo para mantê-lo sob as suas rédeas, mas para o povo não estará tão claro, por meio da mentira e da punição, que os concidadãos poderão novamente se livrar do tirano.

Aparentemente, a mentira para a obtenção da confiança e do apoio nacional se constituiria como a ferramenta útil por meio da qual se conquista e se mantém estrategicamente o domínio. Isso ocorre porque, para Maquiavel "o povo sempre se deixa levar pelas aparências e pelos resultados e no mundo não existe senão o povo, pois poucos encontram um lugar quando muitos não tem onde se apoiar". Sendo assim, o pouco hábil na arte da dissimulação é aquele que "não prega senão a paz e a fé, e ele é hostil a ambas, se as tivesse praticado, teria perdido sua reputação e o seu Estado em mais de uma ocasião".

O grande ponto é que muitos estudiosos da mentira se perguntaram se uma mentira se combate com a verdade. Concluíram: "o meio mais limpo e mais eficaz para destruir uma mentira é lhe opor a uma outra mentira".

A "sociedade de mentirosos", idealizada por Swift, encontrou no século 20 o seu ápice, a invenção de políticas inéditas e com alcance e efeito sem precedentes.

Nos séculos 16 e 17, os pasquins e as gazetas, conhecidas na França por *canards*, já publicavam frequentemente boatos e rumores sobre as personalidades políticas da época. Mais tarde, com a massificação da produção de bens simbólicos, o surgimento da *penny press* e do chamado *yellow journalism*, baseado no infoentretenimento e no sensacionalismo informativo, a produção de notícias falsas, de boatos e de rumores aumentou de forma considerável. Um interessante exemplo que vale a pena recuperar é o da suposta descoberta de vida na Lua. Em 1835, o jornal nova-iorquino editado entre 1833 e 1950, o *The Sun*, publicou seis artigos sobre a descoberta de vida na Lua, atribuída ao astrônomo John Herschel. O caso ficou conhecido como o *The Great Moon Hoax*, e demonstra que o problema das *fake news* não surgiu especificamente com a profusão das redes sociais digitais. A propósito, foi o editor do *The Sun*, John Bogart, que celebrizou umas das expressões mais difundidas entre os estudantes de jornalismo: "Se um cão morder um homem, isso não é notícia, porque acontece com muita frequência. Mas se um homem morder um cão, isso sim é notícia".

O fracasso das mentiras, para Courtine (2006, p. 20), pode se dar, em geral, devido ao modo grosseiro como possam ser produzidas. Se o mentir verdadeiro for a arte produzida por mãos inabilidosas, este engano terá fortes probabilidades de falhar em produzir os resultados que dele se espera.

Na busca por ocultar intenções hostis, os Estados que não se eximem de atacar militarmente quando podem, também não deixam de atacar pelo discurso, se isso lhe configurar plano estratégico para adquirir vantagem externa. Mas o uso de mentira para a obtenção de interesses não é a arma exclusiva dos pequenos atores a procura de grandeza. No plano das campanhas eleitorais, argumentos por mais assustadores que possam ser, não são isolados de certos grupos sociais.

O maior motivo de preocupação, essencialmente, é que a mentira deixou de ser dita com "hesitação", "vergonha", "culpa" ou até "ansiedade". Na era da pós-verdade, as fronteiras entre a verdade e a mentira são, com efeito, cada vez mais tênues: honestidade versus desonestidade, ficção e realidade fabricada versus verdade e factualidade.

Precisamos ressaltar até para efeito de entendimento que *fake news* são, portanto, informações distorcidas, não filtradas. Muitas vezes são humorísticas ou satíricas que, quando partilhadas de forma isolada nas redes sociais, podem ser interpretadas como factuais.

5. *Fake News* e Política nas Redes Sociais

As redes sociais não são as responsáveis pelas *fake news*, mas aceleraram a sua propagação. Podemos dizer que a quantidade e a velocidade torna muito difícil que haja uma correta fiscalização no que tange ao fenômeno. A pandemia do coronavírus expôs essa fragilidade e, infelizmente, no Brasil, nossos passos são lentos demais em relação a todos os malefícios advindos da falta de punição à disseminação de mentiras.

Houve uma grande pressão e o Supremo Tribunal Federal passou a atuar em possíveis abusos de poder político e uso indevido da comunicação, abrindo investigações na área eleitoral quando se trata de *fake news*. O problema é que essas notícias ainda não são consideradas crimes e a nossa Constituição não tem uma definição do que sejam *fake news*, tornando difícil que haja qualquer punição ou impedimento. Fato é que a desinformação abala a confiança nas instituições e nos meios de comunicação tradicionais e digitais, assim como prejudica a democracia ao comprometer a capacidade dos cidadãos de tomarem decisões bem informadas. Essa deficiência informativa enfraquece também a liberdade de expressão, que é um direito fundamental previsto na Constituição Federal Brasileira de 1988.

Há um outro ponto a ser levado em consideração: pesquisas indicam que os internautas sentem que a combinação de ausência de regras e algoritmos estão encorajando a disseminação rápida de conteúdos de baixa qualidade e *fake news*. A própria forma como os *links* são compartilhados nas redes sociais dificulta a identificação da natureza dos conteúdos em circulação, o que fornece uma certa segurança para compartilhar conteúdo sem uma checagem prévia.

Um outro problema apresenta-se: um estudo divulgado em junho de 2016 pela Universidade de Columbia e o Instituto Nacional Francês mostra que 59% dos *links* partilhados em redes sociais não chegam a ser clicados de fato (DEWEY, 2016). Dessa forma, o foco é na manchete espetacular. Pierre Lévy (1999) define o ciberespaço como a nova *ágora* dos debates políticos, pois proporciona aos indivíduos flexibilidade, interatividade, maior capilaridade na troca de informações em tempo real, ampliação de conexões e a criação de redes cada vez mais interativas. É nesse ambiente que o filósofo enxerga o lado democrático e positivo da inteligência coletiva, no que diz respeito às interações entre atores aos compartilhamento de ideias, à formação de comunidades virtuais, à comunicação de todos para todos e à construção coletiva de novos saberes. Contudo, atualmente, percebe-se que essa mesma inteligência coletiva tem sido enfraquecida por desinformação, má fé, disputa de poder e ódio.

Muitas pesquisas já demonstraram que, mesmo quando os *links* são clicados, poucos leitores vão passar dos primeiros parágrafos, o que facilita ainda mais o trabalho de elaboração de uma notícia falsa. Estudo do Nielsen Norman Group divulgado em 2013 mostrou que 81% dos leitores voltam os olhos – o que não significa necessariamente que estão, de fato, a ler – para o primeiro parágrafo de um texto na internet, enquanto 71% chegam ao segundo. São 63% os que olham para o terceiro parágrafo, e apenas 32% chegam ao quarto (NIELSEN, 2013). O estudo foi feito com base no *eyetracking*, conjunto de tecnologias que registra os movimentos oculares de um indivíduo, determinando em que áreas ele fixa a sua atenção, por quanto tempo e que ordem segue na sua exploração visual (BARRETO, 2012). Outro desafio ainda se coloca na qualidade da leitura. "A não ser que se preste atenção especial ao que está lendo, os artigos ficam descontextualizados em relação às suas fontes e fatos se misturam livremente com ficção." (CONROY; RUBIN, 2015b, tradução própria).

Tandoc et al. (2017) mostram que as pessoas confiam primeiramente no próprio julgamento das fontes e da mensagem para atestar a veracidade de um conteúdo. Quando isso não se mostra suficiente, buscam fontes externas para tentar essa autenticação, sejam elas interpessoais ou institucionais.

O autor André Faustino, no livro *Fake news: a liberdade de expressão nas redes sociais na sociedade da informação*, compartilha da visão de Manuel Castells quando este diz que a comutação de pontos modais de informação no âmbito das redes sociais provoca uma alteração dos espaços de poder. Faustino complementa acertadamente que *fake news* também é um instrumento de poder e que é glamourizado de maneira incessante nas redes sociais. Junte-se a isso a liberdade de expressão ser absoluta: você tem o cenário perfeito. Uma pesquisa da Agência Senado identificou ainda que 79% dos brasileiros se informam por WhatsApp, ou seja, sem qualquer tipo de controle de informação, de revisão ou checagem.

E mais uma vez o cenário perfeito vai surgindo quando os incentivos gerados pela própria estrutura competitiva do mercado ou, mais precisamente, pelo fato de que a remuneração dos agentes econômicos é diretamente proporcional ao tamanho da audiência ou da atenção coletada. Tais incentivos podem impulsionar esses agentes em uma corrida rumo ao fundo do poço, uma espécie de luta pela sobrevivência ou, ainda, uma busca desenfreada pela ampliação de margens de lucro, no bojo da qual são desprezados os princípios éticos do jornalismo e a qualidade dos conteúdos publicados.

O filósofo Althusser explica que os meios de comunicação de massa, em conjunto com igrejas, escolas e partidos políticos, têm, além de tudo, a função de perpetuar os valores dominantes. Althusser ressalta que os processos de alienação se dão também por meio de instituições que dominam os meios ideológicos. Daí a importância do papel das mídias sociais e das novas tecnologias de informação nesse processo.

Drobnic Holan, pesquisadora da Columbia University, descreveu, em uma de suas palestras, que as *fake news* no contexto atual são um material inventado e magistralmente manipulado para se parecer com relatórios jornalísticos confiáveis que são facilmente espalhados nas mídias sociais. Nesses ambientes, as grandes audiências estão dispostas a acreditar nas ficções e espalhar a notícia. Aliado ao fato de que sempre acreditamos naquele que fortalece nosso ponto de vista, mais uma vez o cenário perfeito se estabelece.

Percebe-se que a mola propulsora para a pós-verdade está contida numa crise de representatividade das instituições como um todo. Esta crise faz com que as instituições percam sua força e estabilidade, enfraquecendo assim sua vigência na mente das pessoas. Segundo Castells (2018, p. 12), "se for rompido o vínculo subjetivo entre o que os cidadãos pensam e querem e as ações daqueles a quem elegemos e pagamos, produz-se o que denominamos crise de legitimidade política". Para D'Ancona (2018), a base social da era da pós-verdade está na ruína da confiança nas sociedades, especificamente nas relações entre classe política, cidadãos e instituições. Diante de uma crise econômica aguda, somaram-se os diversos escândalos de corrupção e má conduta da classe política e da própria imprensa jornalística. Por fim, o autor define a característica da pós-verdade com a afirmativa de que "a questão não é determinar a verdade por meio de um processo de avaliação racional e conclusiva. Você escolhe sua própria realidade, como se escolhesse comida de um bufê". (D'ANCONA, 2018, p. 57)

Olavo de Carvalho – inspirador das principais lideranças dos grupos de direita na rede, como MBL e Vem Pra Rua, e guru ideológico do governo Bolsonaro – foi um dos pioneiros do ativismo de direita na internet, com suas críticas ácidas e sarcásticas a grupos e partidos progressistas. Isso o tornou alvo de ativistas de esquerda. A Indymedia servia de palco frequente para os ataques e piadas a ele dirigidos. Como resposta, Carvalho criou em 2002 sua própria rede de informação alternativa: a Mídia sem Máscara (MSM). Visando fazer frente aos meios de comunicação de esquerda, a MSM engajava uma rede de colaboradores para apresentar suas visões dos fatos a partir de uma perspectiva de direita (PATSCHIKI, 2012).

Como já mencionamos algumas vezes, *fake news* não são novidade na política, muito menos na brasileira. Nos Estados Unidos, a campanha de 2008 de Barack Obama teve a tônica das redes e a de 2016, de Trump, comandada por Steve Bannon, teve o abuso de *fake news*.

> "Vários levantamentos mostram que as notícias fraudulentas repercutem mais do que as verdadeiras. E mais rapidamente. E arrebatam as amplas massas de um modo acachapante, num grau jamais atingido pelos meios jornalísticos mais convencionais. Em questão de um dia ou dois, a campanha de Trump conseguiu fazer com que metade dos Estados Unidos acreditasse que Barack Obama nasceu no Quênia". (BUCCI, 2018, p. 27)

As *fake news* ganharam tom institucionalizado nas eleições de 2018, quando Bolsonaro, com respostas simplistas a problemas complexos, e negação de um *status quo* vigente, fez com que a maioria da população tratasse seus pensamentos como legítimos. Bolsonaro tem, muitas vezes, sucesso em conseguir incrustar nas pessoas o seu ponto de vista. As redes sociais também deram a sensação de que a sabedoria das multidões é mais valiosa e verdadeira do que a ciência, fragilizando limites entre fatos e opiniões. As práticas da objetividade são substituídas pelas práticas da perspectiva de cada um.

Em 2018, 65% da população tinha acesso à internet (IBGE, 2018), e 42% usavam aplicativos como Facebook e WhatsApp para se informar sobre política (Paraná Pesquisas, 2018). O perfil do Facebook de Jair Bolsonaro em 2018 gerou mais de dez milhões de reações, oito milhões de curtidas e seis milhões comentários entre 31 de agosto e 26 de outubro, de acordo com pesquisas.

Aí estabelece-se uma cruzada moral na qual, como já mencionamos aqui, não vale mais a base de fatos, mas sim a realidade em que cada um quer acreditar.

E não podemos esquecer que, para reunir o máximo de informações e perfilar seu público, empresas como o Facebook e o Google desenvolveram formas de centralizar a informação dos indivíduos, incentivando o uso da plataforma para "logar" em outros sites. Isso leva a uma profusão de opiniões semelhantes que provoca o não reconhecimento quando a opinião difere da minha. As "bolhas" dão a sensação de que tudo que eu penso é o correto.

É essa talvez a maior função das redes sociais. Elas dão a falsa impressão de que essa horizontalidade das interações pode ser algo mais democrático, quando na verdade elas são desiguais sendo que a maioria só repercute a opinião de uma minoria.

Umberto Eco[4], numa visão pessimista, afirma que "as mídias sociais deram o direito à fala a legião de imbecis que, anteriormente, falavam só no bar, depois de uma taça de vinho, sem causar dano à coletividade. [...]". Ou seja, o autor nesta afirmativa refere-se às inúmeras opiniões que são tecidas no ciberespaço sem o respaldo de uma argumentação baseada em fatos verificados.

A disputa política nas redes sociais vai ao encontro de uma polarização estabelecida por uma moral que divide os adversários em bons ou maus e nada além disso. A própria Hannah Arendt lembra que a sinceridade nunca foi uma virtude dos políticos, por mais que se tente justificar a mentira como uma ferramenta necessária ao exercício do político

---

[4] Em: ≤https://www.terra.com.br/noticias/educacao/redes-sociais-deram-voz-a-legiao-de-imbecis-diz-umberto-eco,6fc187c948a383255d784b70cab16129m6t0RCRD.html>

ou do demagogo. Sendo uma das maiores pensadoras sobre as mentiras, em *A mentira na política* Arendt analisou os documentos do Pentágono, departamento de defesa dos EUA, que validaram a guerra do Vietnã. Ela entendeu que os documentos não apenas demonstraram que a realidade foi simplesmente ignorada e manipulada, mas também ocorreu o menosprezo dos fatos históricos, políticos e geográficos. Para Arendt (1972, p. 15): "A veracidade nunca esteve entre as virtudes políticas, e mentiras sempre foram encaradas como instrumentos justificáveis nestes assuntos".

Quando a falsidade deliberada se espalha e se organiza com o artifício e a velocidade da tecnologia, não apenas se fragiliza a multiplicidade de ideias ou o limite entre a verdade e a mentira, mas também os modos singulares de ser na realização da sociedade democrática cada vez mais plural. Conforme Arendt:

> "Verdade ou falsidade – já não importa mais o que seja, se sua vida depende de você agir como se acreditasse; a verdade digna de confiança desapareceu por completo da vida pública, e com ela o principal fator de estabilização nos cambiantes assuntos dos homens". (1972, p. 17)

Com as novas regras eleitorais, que tornaram a campanha mais curta e com restrições de financiamento, o uso das redes sociais passou a ter importância nas estratégias de campanhas, especialmente dos candidatos com pouco tempo no horário eleitoral. As redes são um recorte do que acontece em tvs e rádios, mas ainda com a importância que muitas vezes ascende ao protagonismo.

Um relatório da Conferência das Nações Unidas sobre Comércio e Desenvolvimento, de 2017, mostra que no Brasil são 120 milhões de pessoas conectadas, atrás somente dos Estados Unidos (242 milhões), da Índia (333 milhões) e da China (705 milhões), cujas populações são maiores que a brasileira.

Proporcionalmente, contudo, o índice de acesso à Internet no Brasil ainda deixa a desejar, apesar do crescimento nos últimos anos. De acordo com o Instituto Brasileiro de Geografia e Estatística (IBGE), 57,8% dos brasileiros estão conectados à *web*. O número é referente a 2017, mas foi divulgado apenas no início de 2018. Para efeito de comparação, o índice, em 2005, era de 13,6%. Portanto, podemos dizer que as últimas eleições foram, sim, as mais digitais da história política brasileira.

Tem um ponto que precisamos ressaltar: as redes sociais não funcionam como os meios de comunicação de massa, mas sim com conexões entre pessoas, o que faz com que a informação que você consome seja mais parecida com o que você acredita. Seguindo nessa linha, as notícias falsas se alastraram em um ambiente já saturado de informações, potencializadas por ferramentas especializadas no compartilhamento e edição de diferentes conteúdos (textos, imagens, vídeos, áudios...) – contribuindo para sedimentar a era da *informative overlay* – a sobrecarga de informação é um fenômeno que ocorre quando a quantidade de informação captada pelo indivíduo excede sua capacidade de processá-lá, gerando dificuldades de várias ordens como, por exemplo, na filtragem das informações, bem como na compreensão e tomada de decisões.

É sempre emblemática a eleição de 2018 do presidente Jair Bolsonaro que soube utilizar as redes sociais como outros candidatos não souberam. Bolsonaro tinha 8 segundos do tempo de tv contra 5 minutos e 32 segundos de Geraldo Alckmin, mas tinha uma base mobilizadora nas redes sociais que nenhum outro candidato teve. Em 2018, a maioria das *fake news* girava em torno de abalar a credibilidade do adversário. Ao final do primeiro turno, começou a desconfiança na contagem de votos.

Bolsonaro, segundo reportagem da *Folha de S.Paulo*, foi amplamente beneficiado pela utilização de mecanismo de envio de mensagens em massa pelo WhatsApp durante a campanha. O sistema foi custeado por empresas de apoiadores do presidenciável e tinha como objetivo disseminar conteúdo ofensivo contra o adversário de Bolsonaro na corrida presidencial. A prática é ilegal, pois caracteriza doação de campanha por empresas, proibida pela legislação eleitoral, e não declarada. De acordo ainda com a reportagem, cada contrato chegava a R$ 12 milhões. Um estudo da FGV DAPP mostrou que as bases pró-Bolsonaro e pró-Haddad também foram as que mais apresentaram interferência de robôs no período de campanha. De 12 a 18 de setembro, por exemplo, foram coletados 7.465.611 tuítes e 5.285.575 retuítes a respeito dos candidatos. Dentro desta base, a metodologia de detecção de robôs da FGV DAPP encontrou 3.198 contas automatizadas, que geraram 681.980 interações — 12,9% do total de retuítes.

Em um mês, de 19 de agosto a 18 de setembro, a desconfiança sobre a lisura das eleições mobilizou 841.800 menções no Twitter. Os debates foram polarizados em ao menos duas linhas: uma questionando o processo eleitoral sem a presença do ex-presidente Lula como candidato; outra, associada a Bolsonaro, questionando a confiabilidade das urnas eletrônicas e de todo o processo ao redor do pleito. O pico do debate ocorreu dia 29 de agosto, com cerca de 205 mil tuites sobre o assunto, depois de entrevista de

Bolsonaro para a Globonews, em que o presidenciável afirmou que não acredita em pesquisas eleitorais.

Em uma transmissão pelo Facebook durante a campanha, Bolsonaro reconheceu a força das redes sociais como estratégia. Na ocasião, declarou: "Se nós perdermos aqui, acabou. Se não estivéssemos aqui, pode ter certeza de que o jogo estaria sendo jogado entre o PT e o PSDB", partidos tradicionais. O depoimento reforça o conceito de que as redes sociais são palcos de visibilidade e disputa. O PSL, partido considerado nanico à época do então presidente, elegeu um número significativo de representantes no Executivo e Legislativo.

Se as narrativas das *fake news* são orientadas pelo apelo às emoções e às subjetividades, então o fato de que reforçam o sistema de crenças dos indivíduos pode explicar a decisão pelo compartilhamento fácil e sem rigor, no intuito de que operem, justamente, difundindo e legitimando as próprias crenças. Neste contexto, evidencia-se o potencial deste tipo de notícias como ferramenta de campanha política, especialmente nas últimas eleições presidenciais brasileiras em que, embora não tenham sido necessariamente determinantes para o resultado, sua viralização foi reflexo, em tempos de militância digital, da reafirmação de tendências e valores políticos pré-existentes nos eleitores.

De novo: um dos pontos destacados por Serrano (2010) é que, na atualidade, o maior mecanismo de censura na democracia é a superinformação. A quantidade de informação que é veiculada impede o acesso à informação realmente relevante, atropela assuntos que desinteressam os poderes e apaga a memória, mesmo dos fatos mais recentes. "O poder dos meios de comunicação e sua influência na opinião pública estão esvaziando de sentido a democracia".

(SERRANO, 2010, p.10) Na mesma linha, concordando com Serrano (2010), entendemos que aos indivíduos é ofertada uma concepção de mundo maniqueísta de bem/mal, branco/preto, certo/errado, de informações sem matizes. Notícias são rápida e facilmente esquecidas porque, ao receptor, não são reveladas informações que auxiliem na compreensão de sua origem, alcance e significado. Em se tratando dos meios de comunicação, como coloca Serrano (2010, p. 38), "o objetivo não é fazer compreender uma situação, mas fazer com que assistam a um acontecimento".

Após a vitória de Bolsonaro, de 29 de outubro a 12 de novembro, o debate sobre *fake news* ganhou outros contornos e aumentou bastante de volume, com 1.444.369 tuítes identificados, dos quais 1.026.306 foram retuítes — cinco vezes mais que nas duas semanas anteriores ao início da campanha eleitoral. O grupo com maior número de perfis na rede, nesse período, representava 38,4% dessas publicações, sendo responsável pelo segundo maior número de interações (25,9%).

O panorama indica que, desde o começo da década de 2010, as redes sociais têm moldado — e continuarão a moldar profundamente — a política. Nesse sentido, Ruediger (2018, p. 65) destaca que:

> "há de se buscar o monitoramento constante de redes, tanto pela sociedade quanto pelo mercado e pela estrutura estatal, que deveriam incorporar em sua dinâmica decisória e de gestão a compreensão estratégica do impacto desses novos meios".

Mas por que *fake news* são mais velozes? Por que repercutem mais? Os dados indicam que o que faz a diferença não são algoritmos ou tecnologias apenas, mas gente de carne e osso. *Softwares* e estratégias digitais pesam muito, é claro, e permitem manipulações que nunca tinham sido vistas, como foi verificado no caso da *Cambridge Analytica* (THE CAMBRIDGE, 2018). Mesmo assim, o fator que parece ser realmente decisivo são pessoas de verdade. Isso explica muito das eleições de 2018 onde os seguintes pontos surgiram: a pregação antipolítica, as posturas agressivas e sempre contra ciência, declarações preconceituosas, apoio ao militarismo no poder e elogio a torturadores, coisas inéditas até então na nossa política.

O ponto é que essa postura deu certo: o partido de Bolsonaro, o Partido Social Liberal (PSL), que até 2018 era um partido minúsculo, virou um gigante numérico de uma hora para outra. Em 2014, esse partido elegeu apenas um deputado federal. Em 2018 elegeu 52 deputados federais, tornando-se a segunda maior legenda na Casa, atrás apenas do PT, que perdeu parlamentares, mas manteve uma boa bancada (PREITE SOBRINHO, 2018). Além disso, o PSL elegeu quatro senadores e três dos 27 governadores de estado (Santa Catarina, Roraima e Rondônia). Candidatos a governador de outros partidos, quando declaravam seu apoio a Bolsonaro, conseguiram deslanchar nos votos.

6. Casos e Cenários da Relação Entre *Fake News* e Política

É difícil pensar em *fake news* sem lembrar do ex-presidente americano Donald Trump. Ele praticamente virou um sinônimo de notícias falsas, que, vale lembrar, também podem ser consideradas uma forma de desinformação. No conhecido *Tratado da Desinformação*, o autor define a desinformação como uma técnica que permite que "informações gerais sejam deturpadas a terceiros, levando-os a cometer atos coletivos ou a publicar julgamentos desprezíveis". (VOLFOFF, 1999, p. 17)

Um mês após a eleição americana, a ex-candidata à Casa Branca Hillary Clinton, que perdeu justamente para Trump, fez um discurso no congresso americano no qual falou sobre o perigo das notícias falsas. "Um surto de notícias falsas e maliciosas e propaganda enganosa inundou as redes sociais no ano passado. É claro que as chamadas notícias falsas têm consequências no mundo real. Não se trata de política ou partidarismo. Vida ameaçada", disse Hillary

Clinton na ocasião. O perigo deve ser tratado rapidamente, disse Clinton, concluindo que "é imperativo que os líderes dos setores público e privado protejam a democracia e os inocentes".

Após ser comprovadamente favorecido pela manipulação de *fake news* durante o período eleitoral, Donald Trump continuou usando os chamados "fatos alternativos" em seu benefício. E isso começando imediatamente após a sua posse. A administração presidencial argumentou, apesar das evidências, que o maior número de cidadãos na história dos EUA compareceu à cerimônia, muito mais do que o número de presentes na posse de Barack Obama. A primeira mentira oficial de Trump como presidente.

Uma história falsa parece bonita demais para ser falsa. É precisamente construída para parecer verdadeira e, assim, ser aceita e transmitida ainda mais. É uma informação que diz o que o público quer ouvir.

Para Trump e seus apoiadores, as notícias falsas consistem nos principais meios de comunicação que criticam o presidente ou suas políticas. Mais ou menos como para Bolsonaro.

É preocupante para a democracia a disposição de Trump e seus apoiadores de desconsiderar fatos verificáveis como falsos simplesmente porque contradizem sua agenda. Trump usou o Twitter como uma poderosa ferramenta de disseminação de *fake news* desde o início da campanha presidencial de 2016 e a organização de verificação de fatos vencedora do Prêmio Pulitzer, *PolitiFact* (2017), manteve uma checagem executando a contagem das declarações mais proeminentes de Trump desde o início de sua candidatura. A *PolitiFact* identificou que, do que o presidente americano escreveu, 69% foram rotulados como "falsos" e "majoritariamente falsos".

Indo nessa mesma direção, evidências recentes mostram que:

1) 62% dos adultos americanos recebem notícias nas mídias sociais (GOTTFRIED; SHEARER, 2016);
2) as notícias falsas mais populares foram mais amplamente compartilhadas no Facebook do que as notícias convencionais mais populares (SILVERMAN, 2016);
3) muitas pessoas que veem notícias falsas relatam que acreditam nelas; e
4) as notícias falsas mais comentadas tenderam a favorecer Donald Trump sobre Hillary Clinton (SILVERMAN, 2016).

Juntando esses fatos, vários comentaristas sugeriram que Donald Trump não teria sido eleito presidente se não fosse pela influência de notícias falsas.

Obviamente, como já vimos, Donald Trump não inventou a mentira, no entanto, a regularidade e a voracidade com que ele e membros de seu governo espalharam e defenderam essas mentiras, juntamente com a pré-disposição de seus apoiadores em aceitar tais alegações infundadas como fatos, levaram muitos a afirmar que estamos no meio de uma "pós-verdade", um indicativo do estado atual da sociedade americana que se espalhou por muitas sociedades do mundo. O Dicionário Oxford, de fato, nomeou "pós-verdade" a Palavra do Ano de 2016, que eles definiram como "relacionada ou denotando circunstâncias nas quais fatos objetivos são menos influentes na formação da opinião pública do que apelos à emoção e crença pessoal". Trump certamente foi um "embaixador" dessa causa.

Durante a pandemia da covid-19, Donald Trump sempre a minimizou. A universidade de Ithaca, no estado de Nova York, avaliou 38 milhões de reportagens em inglês do mundo todo, publicadas entre 1º de janeiro e 26 de maio de 2020. Segundo os pesquisadores, em mais de 522 mil desses artigos foram disseminadas informações incorretas sobre o coronavírus, e Trump foi mencionado em 37,9% dos casos de desinformação.

No que eles dizem ser o primeiro estudo em grande escala a examinar a desinformação em torno do coronavírus na mídia clássica e *on-line*, os pesquisadores de Ithaca chegaram à conclusão de que "o presidente dos EUA foi provavelmente o maior impulsionador da desinformação em torno da covid-19".

Com a ajuda de um banco de dados em nuvem, a equipe de quatro pesquisadores examinou mais de 7 milhões de mídias impressas, televisivas e *on-line*. Segundo os cientistas, 1,1 milhão de artigos continham informações falsas sobre a covid-19, o que corresponde a cerca de 13% do total de artigos examinados. É um número gigantesco.

Vale ressaltar, novamente, que o trumpismo não é o responsável pelo surgimento de *fake news*, conforme já mencionamos. De acordo com uma reportagem do jornal espanhol *El País* no ano de 2018, mais de cem pessoas trabalham atualmente em um escritório próprio para a produção de disseminação de *fake news* desde 2014 em São Petersburgo. A intenção principal é espalhar notícias falsas favoráveis ao governo Russo, tanto internamente, quanto externamente. É chamada pelo jornal de "empresa paramilitar" devido às semelhanças – havendo até recrutamento de novos funcionários por plataformas difundidas em nosso meio contemporâneo, como o Facebook.

Inúmeras e diversas *fake news* tiveram suas criações remetidas desde a Rússia até os Estados Unidos durante as eleições de 2016 em favor de Donald Trump (SOLON; SIDDIQUI, 2017). Somente no Facebook, 115 histórias falsas a favor de Donald Trump foram compartilhadas 30 milhões de vezes, contra 41 histórias falsas pró-Clinton compartilhadas 7,6 milhões de vezes (ALLCOTT e GENTZKOW, 2017). Plataformas de extrema-direita, como o site *Breitbart News*, liderado por Steve Bannon, antigo estrategista-chefe do governo de Trump como presidente, e também o canal de televisão americano *Fox News*, claramente pró-Trump, tiveram, e continuam a ter, alto alcance político, mesmo compartilhando textos exageradamente positivos ao governo Trump. Algo semelhante ocorre no Brasil. O canal televisivo *Fox News* tem impacto direto nos votos de seus telespectadores, fazendo com que eleitores até então não-Republicanos, tenham passado a votar no partido Republicano (DELLAVIGNA e KAPLAN, 2007).

Para educadores de estudos sociais, que têm a tarefa de garantir que os alunos sejam treinados para pensar criticamente e tomar decisões fundamentadas, viver nessa sociedade da pós-verdade coloca desafios significativos. Os alunos estão chegando às aulas interagindo com as questões políticas do dia em suas mesas de jantar, com amigos e nas mídias sociais, que podem servir como câmaras de eco ideológicas que reforçam e legitimam fatos alternativos.

No Brasil, o presidente Jair Bolsonaro, eleito em 2018, popularizou o termo, provocando inclusive uma Comissão Parlamentar de Inquérito em relação às notícias falsas. Elas não são prerrogativa desse governo, mas se popularizaram com ele. Em 15 de junho de 2022, por exemplo, Bolsonaro disse: "se eu contar uma mentira, você acredita se quiser". Essa frase pode ser uma síntese de como pensa o presidente.

Em tempos de excesso de informação, conseguir a atenção já é um trabalho árduo, principalmente num cenário de dispersão de marcas, poucas reconhecidas e identificadas com propostas que atraiam o eleitor. Em 2018,[5] havia 35 partidos políticos registrados no Tribunal Superior Eleitoral (TSE), além de uma fila de espera para formalização de novos partidos, com 75 solicitações (TSE, 2018).

O crescimento do personalismo político gera a busca por espaços midiáticos decorrentes de opiniões temáticas vinculadas ao ator político ou associadas à geração de polêmicas para manter os holofotes da imprensa focados sobre si. Reforça ambas as abordagens, principalmente graças à alteração de legislação eleitoral (Brasil, 2017), e à valorização das mídias sociais para publicizar atividades e ações dos políticos, tornando a comunicação pessoal preponderante em detrimento da comunicação institucional. Bolsonaro usa desinformação, descontextualização, inversão de relevância e pressuposição para transformar a história a seu favor. Durante a pandemia da covid, não foi diferente de Trump. "Gripezinha", "pessoas vão morrer", além de mostrar despreparo e menosprezo no enfrentamento da crise, deram tom dos quatro anos de governo: minimizou a saúde pública e não ofereceu uma ação política adequada à seriedade que o momento exigia. O Brasil registrou mais de 660 mil mortos pela covid-19, muitas mortes podem ter origem nos que acreditaram em *fake news* e no menoscabo governamental. Há também um outro escândalo de corrupção a que o governo de Jair Bolsonaro está relacionado.

---

[5] Em: <https://www.tse.jus.br/partidos/partidos-registrados-no-tse>.

O Ministério da Saúde de seu governo é acusado de pedir propina à empresa vendedora de vacinas no valor US$ 1 por dose para que o contrato com o Ministério fosse fechado. O presidente também afirmou que a vacina não funcionava. Além de menosprezar o potencial danoso da pandemia, condenou a vacina.

Cesarino (2019, p. 532) identificou em seus estudos que as mensagens do presidente apresentam cinco padrões bem específicos:

> "criar uma fronteira amigo-inimigo; fortalecer o carisma do candidato e traçar paralelos entre ele e seus seguidores; manter a audiência mobilizada através de mensagens alarmistas e conspiratórias; canibalizar o oponente e desqualificar fontes de conhecimento padrão como a mídia e a academia".

O governo de Bolsonaro foi marcado por tentativas de desmerecer as instituições, a academia, a imprensa, o STF e as urnas eletrônicas. De acordo com uma pesquisa em *fact checking*, o site *Aos fatos* noticiou, em 17 de junho de 2019, que, em 167 dias de governo, Bolsonaro deu 192 declarações falsas ou distorcidas, ou seja, a cada 10 declarações enunciadas pelo presidente Jair Bolsonaro, 6 são distorcidas ou falsas, sendo economia e relações exteriores os assuntos com mais distorções. Esse número é significativo em tão pouco tempo de governo, uma vez que o presidente utiliza ativamente as redes sociais para se pronunciar, o que aumenta o risco de divulgação de *fake news*, matéria-prima primordial para a construção do conceito de pós-verdade.

Para as nações ocidentais, 2016 será lembrado particularmente pela decisão do referendo do Reino Unido de deixar a União Europeia ("*Brexit*") e pela vitória no colégio eleitoral de Donald Trump nos Estados Unidos. Esses resultados eleitorais não apenas representaram desafios às normas políticas estabelecidas, mas também expuseram sérias falhas entre diferentes grupos de cidadãos. No período que se seguiu às duas votações, ficou evidente que as populações de ambos os países estavam amargamente divididas. As consequências geopolíticas finais desses votos serão uma questão de debate nos próximos anos, embora pareça que uma das consequências de curto prazo mais importantes seja tornar mais prováveis eventos políticos *anti-establishment*. A votação surpresa para o *Brexit* aparentemente criou um ambiente fértil no qual tais reviravoltas políticas eram possíveis.

Um outro ponto é que a crença entre os eleitores de que os políticos mentem é quase onipresente nos sistemas contemporâneos, e os políticos em geral são rotineiramente colocados na parte inferior dos índices de confiança, causando quase uma normalização desse processo. Iniciar uma pesquisa no Google com a frase "os políticos são" traz as sugestões de preenchimento automático de "mentirosos", "criminosos", "fantoches" e "todos iguais". Embora essas descobertas sejam localizadas pelo Google em países e regiões específicas, essas sugestões parecem refletir com precisão as atitudes dos eleitores em relação aos políticos em diversos países. Mesmo com essas expectativas, o referendo da União Europeia no Reino Unido e a eleição presidencial dos EUA em 2016 mostraram níveis abaixo do padrão de precisão factual. Uma das reivindicações de campanha mais proeminentes durante o referendo foi que o Reino Unido enviou £ 350 milhões por semana para a UE e que, em vez disso, esse dinheiro poderia ser gasto no Serviço Nacional de Saúde (NHS). Essa alegação era profundamente problemática, porque se baseava na conceituação máxima possível dos custos da adesão à UE para o Reino Unido, desconsiderando tanto o desconto que o Reino Unido recebe quanto os efeitos dos gastos diretos da UE no Reino Unido como resultado da adesão. Uma vez que esses fatores foram levados em conta, o custo líquido de adesão foi muito mais próximo da metade do valor anunciado. Na eleição presidencial dos EUA, Trump também fez uso de declarações estranhas e muitas vezes factualmente incorretas como pilares de sua campanha.

Para materializar esta finalidade, foram publicadas, sobretudo pela imprensa de tabloides, primeiras páginas totalmente falsas sobre privilégios a migrantes que nunca existiram, sobre violência alegadamente perpetrada por refugiados contra cidadãos britânicos ou sobre a perda de privilégios que a sua entrada em fronteiras britânicas significaria para os ingleses de uma forma geral.

E cada vez mais a história parece estar envolvida em *fake news*. Em 24 de fevereiro de 2022, o mundo viu deflagrar a guerra entre Rússia e Ucrânia, mais um polo de desinformação. Mariana Teixeira Duarte faz um estudo que identifica a desinformação como fator decisivo para gerar conflitos. Duarte avalia que um dos maiores motivos pelos quais a Ucrânia está a prevalecer na Europa e no continente norte-americano deve-se ao apoio político dos governos ocidentais. Gigantes tecnológicas, como Google, Meta, Amazon, Microsoft e Apple têm uma linha direta para a maioria da população. Contudo, não se pode deixar de lado o poder que a Rússia desenvolveu ao longo dos anos, elaborando uma máquina de propaganda e desinformação por meio do digital, mas também dos canais de televisão estatais, numerosos blogs e sites, alinhados e sincronizados, que em conjunto criaram uma realidade alternativa. Em 2014, ano em que a Rússia anexou a Crimeia, o formato de texto era o mais predominante nas redes sociais. Porém, atualmente, estamos numa era em que tudo é transmitido em tempo real, algo que Zelensky usa a seu favor e Putin não. Vale lembrar que a Rússia é um exemplo claro de uma "democracia virtual", onde a separação de poderes é apenas aparente, pois o Governo, o Parlamento e a Justiça estão subordinados ao presidente. A atual constituição do país também é considerada democrática, mas o poder quebra suas leis, manipulando e distorcendo sua interpretação.

Vale lembrar que a guerra de informação russo-ucraniana não é um fenômeno novo, pois começou e continua a existir desde que a Ucrânia foi proclamada um país independente. No entanto, o conflito em curso no leste da Ucrânia e na península da Crimeia afetou o crescimento da desinformação russa. Os interesses do Kremlin em recuperar os territórios perdidos com a queda da URSS são vários: primeiro, a mentalidade imperial dos russos, que se baseia na escravização dos povos vizinhos em vez de melhorar e construir seu próprio Estado; e, em segundo lugar, o desejo de manter sob seu próprio controle toda a produção e mercado dos países da antiga União Soviética (KULYK, 2019).

Informação e comunicação adquirem, nessas condições, uma centralidade inusitada no modo de produção, ao tempo em que as formas de legitimação se alteram, com a implantação de um novo sistema global de cultura, para usar a expressão de Furtado (1978), fundado em formas de comunicação extensamente horizontalizadas e interativas, cuja aparência democrática esconde a essência de sistema técnico destinado ao controle e à vigilância em escala massiva e global, com uma capacidade de manipulação ampliada e concentrada em poucas empresas norte-americanas, cujo poder de censura tem se mostrado superior àquele da Indústria Cultural do século XX.

7. Os Riscos à Democracia

Houve, nos últimos anos, inúmeros autores, pesquisadores e cientistas políticos que escreveram acerca dos riscos à democracia. No mundo todo, em maior ou menor grau, existe o sentimento de que a democracia representativa, no âmbito da política, encontra-se em crise e, por isso, líderes e governos autocráticos vão assumindo o poder e corroendo os alicerces da democracia.

7.1. Democracia

É sempre importante, ao se tratar de temas específicos, como, por exemplo, é o caso da democracia, consultar não apenas bons dicionários, mas os dicionários temáticos. Assim, ao se verificar o verbete "democracia" no *Dicionário de Política*, de Bobbio, Mateucci e Pasquino (1995), encontra-se um bom roteiro para compreender melhor o fenômeno da democracia. Os autores tratam da democracia em várias dimensões: democracia e suas três tradições históricas, a tradição aristotélica das três formas de governo, a tradição romano-medieval da soberania população e a tradição republicana moderna, democracia e liberalismo, democracia e socialismo, democracia e elitismo, o significado formal de democracia, algumas tipologias dos regimes democráticos e democracia formal e democracia substancial.

Veja, prezado leitor e prezada leitora, que a democracia não é tão simples como os dizeres que é o "governo do povo, pelo povo e para o povo", como muitas vezes fomos acostumados a ouvir desde a infância na escola ou, então, na etimologia da palavra "democracia" – do grego *demos* (povo) e *kratos* (poder), isto é, "poder do povo".

A democracia, em síntese e sem querer esgotar a complexidade do tema, implica em liberdades: individuais e coletivas. Na democracia, há a escolha de nossos representantes, os políticos, para o exercício do Poder Legislativo e Executivo. O cidadão, gozando de seus direitos políticos, é livre para votar e para ser votado, ou seja, pode ser candidato. No Brasil, por exemplo, costuma-se ter eleições a cada dois anos: eleições municipais, escolhendo os membros do Poder Legislativo e do Poder Executivo, vereadores e prefeitos, respectivamente; nas eleições estaduais e no nível federal, escolhemos deputados estaduais, deputados federais e senadores para o Poder Legislativo e governadores para os estados e o presidente da república no que tange ao Poder Executivo.

Votar e ser votado, contudo, não se limita a fundamentar a democracia. No ambiente democrático, a liberdade de pensamento e expressão é respeitada, assim como a expressão ideológica, de filiação política e da criação de partidos políticos. Há liberdade de expressão para se escrever e falar,

7. OS RISCOS À DEMOCRACIA

contudo, com responsabilidade por tudo aquilo que se escreve ou que se diz. A liberdade não é absoluta, já que, por exemplo, discurso de ódio, racismo e atentar contra a democracia e as instituições democráticas não encontra respaldo na lei.

A democracia traz, em seu bojo, a divisão entre os Poderes: Executivo, Legislativo e Judiciário – o funcionamento harmonioso entre eles e o dever de cada poder de servir de freio e contrapeso em relação aos demais poderes. As crises institucionais encontram guarida quando os poderes tentam exacerbar suas funções e invadem o espaço de outro poder e tais crises podem levar à paralisia de ações governamentais e constituir-se em problemas para o conjunto de uma determinada sociedade.

Conta, também, no campo da democracia, a liberdade de imprensa. O livre funcionamento de jornais, revistas, rádios e televisões – a chamada mídia tradicional – bem como as expressões nas redes sociais. A ação de atacar a imprensa enseja um ataque à própria democracia. Impedir o trabalho jornalístico cerceando o acesso aos espaços institucionais, constrangendo os jornalistas e colocando, não raro, a militância política para atacar – verbal ou fisicamente – os profissionais da mídia, indica muita corrosão democrática.

Na democracia, os conflitos são considerados e não sufocados. Todavia, os conflitos merecem equacionamento dentro dos parâmetros legais, no âmbito do diálogo e do respeito às opiniões divergentes e às minorias. Na democracia, a "maioria" não tem o direito de eliminar as "minorias". Por isso, democracia afasta a violência e o discurso que propala ódio e ataques aos que são considerados diferentes.

Países democráticos consideram não apenas a liberdade de votar e de ser votado, mas, também, pressupõem a rotatividade do poder e o respeito às regras eleitorais. Atacar as eleições com constantes acusações de fraudes e não reconhecer a vitória dos adversários causa não apenas problemas naquela eleição, e sim problemas mais profundos por disseminar desconfiança e deslegitimar o processo eleitoral. As leis eleitorais devem salvaguardar a possibilidade de uma disputa eleitoral equilibrada sem que nenhum candidato possa se sobressair acima ou em detrimento da lei.

Nas palavras de Castells, é preciso:

> "[...] respeito aos direitos básicos das pessoas e aos direitos políticos dos cidadãos, incluídas as liberdades de associação, reunião e expressão, mediante o império da lei protegida pelos tribunais; separação dos poderes entre Executivo, Legislativo e Judiciário; eleição livre, periódica e contrastada dos que ocupam os cargos decisórios em cada um dos poderes; submissão do Estado, e de todos os seus aparelhos, àqueles que receberam a delegação de poder dos cidadãos; possibilidade de rever e atualizar a Constituição na qual se plasmam os princípios e instituições democráticas. E, claro, exclusão dos poderes econômicos ou ideológicos na condução dos assuntos públicos mediante sua influência oculta sobre o sistema político". (CASTELLS, 2018, p. 11-12)

A democracia necessita, essencialmente, de democratas. A democracia definha quando existem democratas de fachada e superficiais. Se, no caso, os indivíduos e grupos não assumirem, na essência, a importância da democracia como forma política de organizar a vida social, caminha-se para formas de governos autocráticos e distantes do Estado Democrático e de Direito.

A democracia não é perfeita, longe disso. Tem distorções e problemas. Essas distorções e problemas são, contudo, objeto de debate e equacionamento à luz do público. Na democracia, o segredo é exceção; a transparência e a publicidade, a regra. Nos regimes democráticos, constitucionais – regidos pelas Constituições – leva-se em consideração a possibilidade de se rever leis e regras que, no passado, faziam sentido e, hoje, estão desatualizadas. A questão, aqui, é que a revisão de princípios constitucionais segue as regras da própria Constituição e não podem ser violados pela vontade dos poderosos, até porque ninguém tem todo o poder e sim uma parte dele (lembrando: Poderes Executivo, Legislativo e Judiciário).

7.2. A morte da democracia e o povo contra a democracia

Em 2018, chegou, no Brasil, uma obra de autoria de Steven Levitsky e Daniel Ziblatt intitulada *Como as democracias morrem*. A referida obra já havia sido *best-seller* do jornal *The New York Times*, no EUA, certamente por dialogar com a realidade dos sucessivos ataques à democracia formulados pelo presidente Donald Trump.

A democracia, e seu funcionamento normal pode ser interrompida por um golpe ou por captura e corrosão das instituições. Golpe implica, necessariamente, em uma ruptura, com tomada do poder. Golpe, para ser efetivo, deve reunir condições subjetivas e objetivas. Subjetivamente, devem existir líderes políticos que desejam o golpe e que gostariam de liderar a ação golpista. Objetivamente, o golpe, para ocorrer, deve conjugar:

a) crise econômica e política profunda, gerando ambiente de violência nas ruas;

b) apoio material: empresários, sistema financeiro ou outros governos estrangeiros deveriam estar dispostos a financiar o custo do golpe, bem como ofertar a logística necessária;

c) a existência de intelectuais e formadores de opinião que estejam, no campo das ideias, convencidos da importância e efetiva necessidade de ruptura e, por isso, passam a produzir conteúdo disseminando as ideias golpistas;

d) capacidade de apoio dos setores majoritários das Forças Armadas para garantir o sucesso do golpe;

e) conseguir, com êxito, cercear, sufocar e tirar de circulação os demais Poderes (geralmente, fechando o Congresso e atacando o Judiciário); e

f) promover com sucesso a censura aos meios de comunicação tradicionais e às redes sociais.

Há, claro, outros elementos que poderiam, aqui, ser colocados como fundamentais para o sucesso de um golpe de Estado.

Depreende-se, disso tudo, que golpes de Estado são complexos e sofisticados. Assim, Levitsky e Ziblatt indicam, com acerto, que as democracias podem, nos dias que correm, morrer não por obra de golpes clássicos e pela via eleitoral e corrosão das instituições por dentro. Em suas palavras:

> "A via eleitoral para o colapso é perigosamente enganosa. Com um golpe de Estado clássico, como no Chile de Pinochet, a morte da democracia é imediata e evidente para todos. O palácio presidencial arde em chamas. O presidente é morto, aprisionado ou exilado. A Constituição é suspensa ou abandonada. Na via eleitoral, nenhuma dessas coisas

acontece. Não há tanques nas ruas. Constituições e outras instituições nominalmente democráticas restam vigentes. As pessoas ainda votam. Autocratas eleitos mantêm um verniz de democracia enquanto corroem sua essência." (LEVITSKY; ZIBLATT, 2018, p. 17)

Mapeando políticos autocráticos e suas características, os autores indicam quatro aspectos presentes em suas intenções de corrosão da democracia por dentro:

"Nós devemos nos preocupar quando políticos: 1) rejeitam, em palavras ou ações, as regras democráticas do jogo; 2) negam a legitimidade de oponentes; 3) toleram e encorajam a violência; e 4) dão indicações de disposição para restringir liberdades civis de oponentes, inclusive da mídia". (LEVITSKY, ZIBLATT, 2018, p. 32)

Em *O povo contra a democracia*, Yascha Mounk traz, também, importantes formulações que, em grande parte, coadunam-se com as teses de Levitsky e Ziblatt (2018). Para Mounk (2019), não se pode partir da premissa que democracia e liberalismo caminham lado a lado. Muitas vezes, se distanciam. Assim, considera que a eclosão da democracia iliberal ou da democracia sem direitos é uma das características da política da primeira década do século 21. O cidadão pode se tornar desiludido com a política e com os políticos. O comportamento deste cidadão denota inquietude, raiva e desdém.

Segundo Mounk:

"A razão para populistas e novos políticos serem tão inclinados a desafiar as normas democráticas básicas é, em parte, estratégica: sempre que os populistas violam essas normas, eles atraem a inequívoca condenação do establishment político. E isso sem dúvida prova que, tal como anunciado, os populistas de fato representam uma nítida ruptura com o status quo. Há, desse modo, algo performático na tendência populista a romper com as normas democráticas: embora suas declarações mais provocativas sejam com frequência consideradas gafes pelos observadores políticos, a mera propensão a cometê-las já representa grande parte de seu charme. Mas isso tudo não faz de suas atitudes inconsequentes algo menos perigoso: uma vez que alguns membros do sistema político estão dispostos a violar as regras, os demais têm grande incentivo para fazer o mesmo. E é o que estão fazendo cada vez mais". (MOUNK, 2019, p. 143)

Já Eatwell e Goodwin (2020), em sua obra *Nacional-populismo*, trazem à tona quatro mudanças sociais profundamente enraizadas e que vem remodelando a política ocidental há décadas:

a) desconfiança;
b) destruição;
c) privação; e
d) desalinhamento.

Há, no caso, uma desconfiança "dos políticos e das instituições e alimentou a sensação, entre grande número de cidadãos, de que já não possuem voz no diálogo nacional". (EATWELL, GOODWIN, 2020, p. 20) Outra mudança é que a imigração e supermudança étnica estariam contribuindo para "os fortes medos sobre a possível *destruição* das comunidades, da identidade histórica do grupo nacional e dos modos estabelecidos de vida" (EATWELL, GOODWIN, 2020, p. 21). A terceira mudança, segundo os autores, é "a maneira como a economia globalizada neoliberal atiçou a forte sensação do que os psicólogos chamam de *privação* relativa, como resultado das crescentes desigualdades de renda e riqueza no Ocidente e da falta de fé em um futuro melhor" (EATWELL, GOODWIN, 2020, p. 21). E, por fim, como os líderes nacional-populistas se nutrem dessa insatisfação e aproveitam-se dos "elos cada vez mais fracos entre os partidos dominantes tradicionais e as pessoas, ou o que chamamos de *desalinhamento*". (EATWELL, GOODWIN, 2020, p. 22)

Desconfiança da política e dos políticos, transformações profundas nas formas de convivência social e um desalinhamento com partidos políticos com o cidadão são fontes geradoras de uma cultura política propícia aos arroubos de políticos autocráticos e populistas.

Depreende-se que o risco à democracia está conectado à ação de líderes políticos autoritários e de perfil populista. Os populistas são sedutores e constroem seus discursos com extrema eficiência objetivando o ataque ao sistema e às instituições.

7.3. A sedução dos populistas

Podemos, aqui, retomar algumas ideias de Levitsky e Ziblatt com uma pergunta importante:

> "Que tipo de candidato tende a dar positivo no teste do autoritarismo? Com grande frequência, os outsiders populistas. Populistas são políticos *anti-establishment* – figuras que, afirmando representar a "voz do povo", entram em guerra

contra os que descrevem como uma elite corrupta e conspiradora. Populistas tendem a negar a legitimidade dos partidos estabelecidos, atacando-os como antidemocráticos e mesmo antipatrióticos. Eles dizem aos eleitores que o sistema não é uma democracia de verdade, mas algo que foi sequestrado, corrompido ou fraudulentamente manipulado pela elite. E prometem sepultar essa elite e devolver o poder 'ao povo'". (LEVITSKY; ZIBLAT, 2018, p. 32)

O que são políticos populistas? São políticos que buscam simplificar a complexidade social e política e operam, principalmente, com duas categorias: povo x não-povo (a elite, o *establishment*, operadores do sistema, ricos, intelectuais, a mídia tradicional, etc.). A principal fonte de inspiração do populista é o povo e este povo concentra os valores positivos em detrimento de uma elite cruel e inimiga desse povo.

Recorrendo, mais uma vez, ao *Dicionário de Política*:

> "O não-povo pode ser internamente representado, não só por uma elite cosmopolita ou imperialista (como nos países ex-coloniais), ou por uma elite plutocrática [...] mas também por setores das próprias massas populares, como, por exemplo, os movimentos de classe, julgados portadores de ideologias ou de valores estranhos, ou incongruentes com os valores genuínos da tradição popular autóctone. [...] O não-povo é visto a uma luz demoníaca como corpo conspirativo, como uma espécie de conjuração permanente, de proporções universais [...] As expressões 'conspiração comunista' ou 'conspiração imperialista' ocorrem alternadamente à boca dos líderes populistas. A arcádica área populista está dominada pelo pesadelo de perenes conjuras". (BOBBIO; MATTEUCCI; PASQUINO, 1995, p. 982)

Essa simplicidade binária: povo x não-povo tem enorme capacidade de mobilização e de força política, nas ruas e nas redes sociais. Os populistas costumam seduzir com seus discursos, gestos e sua presença corporal. Quando, nas redes sociais, os populistas agem, encontram um ambiente protegido, controlado, onde terão a reafirmação de suas verdades, sua força e encantamento.

Líderes políticos populistas são carismáticos. Pode-se, até, afirmar que, praticamente, todo populista é carismático, mas nem todo líder carismático é populista (não é, mas pode vir a ser). Quando, na Sociologia e Teoria Política, busca-se compreender o porquê da relação, na política, de mando e obediência, é trazida à tona a noção de legitimidade. Costuma-se obedecer aos políticos já que, ocupando posições no Estado, conseguem assentar o seu poder em uma forma de dominação.

Max Weber, clássico da Sociologia, explica a dominação pelos seus tipos puros de dominação. A obediência se dá quando se encontra legitimidade no poder da tradição, no poder do carisma ou no poder racional-legal. Assim, há uma "autoridade no 'eterno ontem', do costume sagrado por validade imemorável e pela disposição habitual de respeitá-lo". (WEBER. 1999, p. 527, Vol. 2) Esse poder tradicional encontra sua manifestação numa configuração social de dominação patriarcal, patrimonial e gerontocrática. Em segundo lugar, a "autoridade do dom da graça pessoal em revelações, heroísmo ou outras qualidades de líder do indivíduo". (WEBER. 1999, p. 527, Vol. 2) A dominação carismática, a crença nas qualidades sobre-humanas do líder, não apresenta, assim como na dominação tradicional, o conteúdo de racionalidade, a obediência tem os alicerces nos costumes e na emoção derivada do carisma, respectivamente.

Por fim, há a "dominação em virtude da 'legalidade', da crença na validade de estatutos legais e da 'competência' objetiva, fundamentada em regras racionalmente criadas [...]". (WEBER. 1999, p. 527, Vol. 2)

O populista, portanto, apresenta-se como um líder "legítimo", representante do povo. Seu discurso e suas ações serão contra os "inimigos" do povo, uma elite fria, distante, cruel. Geralmente, o populista é, ele próprio, membro dessa elite (econômica, intelectual ou política), mas tem enorme habilidade em se apresentar como *outsider*, alguém de fora do sistema, que lutará contra esse mesmo sistema excludente e suas instituições. Não à toa, esse político populista é, como vimos, um vetor de corrosão da democracia e das instituições públicas e governamentais.

7.4. As *fake news* e o ataque constante à democracia

Quando políticos autocráticos e populistas se apresentam à sociedade e, dado o seu poder de sedução, são eleitos, constata-se a emergência de um ambiente assaz propício ao uso frequente das *fake news*.

Na lógica do poder carismático que tanto se faz presente em personalidades populistas, as *fake news*, bem como a pós-verdade, as teorias da conspiração e os vários tipos de negacionismos tornam-se armas poderosas objetivando atacar, confundir, fraudar ou eliminar indivíduos, grupos e instituições. O elemento central das *fake news*, que é fraudar a verdade factual, tem enorme poder de disseminação nas redes sociais, já que conta com apelos emocionais, com as paixões, especialmente, nas bolhas construídas pela força dos algoritmos das redes sociais.

A cada dia, estamos alimentando as redes sociais e os sites de compra e de serviços com nossas informações pessoais. Onde estamos fica evidente, ao fazer *check-in* e ao publicarmos no Facebook ou Instagram; o que gostamos de comer ou beber, ao compartilharmos os pratos ou os restaurantes; o que lemos, ao indicar um livro ou um site de jornal ou revista. Estamos hiperconectados e ofertando publicamente nossas escolhas, gostos e visão de mundo.

Todos esses dados são garimpados por empresas especializadas e podem ser comprados por outras empresas ou por políticos e governos. Propaganda eleitoral direcionada é precisa como um tiro de *sniper*: atinge em cheio os indivíduos e grupos que são desejados. Ao compartilhar uma notícia, verdadeira ou falsa, de um candidato durante o período eleitoral, pode-se monitorar as reações daquela notícia e a interação numa determinada rede social. Se, ao fazer uma postagem ou compartilhar a postagem de alguém, há muitas curtidas, comentários e novos compartilhamentos é possível obter quem são aqueles que estão, por exemplo, próximos ao meu campo ideológico e os que são de campos distintos e opostos. De posse destes dados, há o direcionamento de mais propaganda de um determinado tipo e o ocultamento daquele tipo que não agrada o "consumidor-internauta".

No caso das *fake news* na política, o problema é que não são simples "mentirinhas" ou boatos sem maior gravidade. As *fake news* e as *deepfakes* são obras de engenharia (os engenheiros do caos) que conturbam o ambiente democrático, prejudicam as trajetórias e biografias dos políticos e servem para atacar e destruir a reputação dos indivíduos. Nas redes sociais ou chegando em nossos celulares, as *fake news* e suas parentes (pós-verdade, teorias da conspiração e negacionismo) tomam proporção gigantesca, em alta velocidade, e causam prejuízos que, na maioria das vezes, mesmo as que encontram acolhida nos tribunais para que tais ações sejam desmentidas e reparadas, não será na mesma proporção e velocidade que o dano já causado.

A lógica das *fake news* é despertarem as emoções e, consequentemente, a rápida disseminação nas redes sociais segue o já bem conhecido roteiro: são bombásticas, estariam sendo escondidas do público e corroborariam com uma das posições polarizadas. Na grande parte das *fake news* que ganham as redes sociais, essas notícias falsas, boatos, teorias da conspiração, etc. são de caráter sensacional (e sensacionalistas), extraordinárias ou chocantes. Além disso, rememorando as teorias da conspiração, elas estariam mantidas em segredo, longe do conhecimento público e seriam informações muito sérias que devem ser repassadas. E, em disputas políticas polarizadas, elas ganham a dimensão de corroborar uma destas posições, acabam ganhando força e adesão de um dos lados do debate político.

Ter uma postura crítica em relação às informações que chegam ao cotidiano implica num esforço de, para além das informações, ter a capacidade de ter adquirido, ao longo da vida, conhecimentos. Conhecimento que pode ser oriundo da educação formal – escolas, cursos técnicos, universidades –, na educação informal ou, ainda, na dedicação à leitura de livros, jornais e revistas. Essa consciência crítica e esse acúmulo de conhecimento são trabalhosos, intelectualmente, e reclamam ação proativa e a formação de um repertório que se distancia das visões rasas, primárias e simplistas. Falta, à parcela significativa dos que consomem e compartilham *fake news*, discernimento, sobretudo histórico e político. Por isso:

"Essa falta de discernimento das pessoas que consomem e difundem notícias falsas e boatos é em parte explicada por um fenômeno que os cientistas chamam de viés de confirmação. Tal viés é a tentativa de buscar ou interpretar informações de maneira a confirmar aquilo em que se já acredita. No consumo de notícias falsas e boatos, isso se manifesta na falta de precaução das pessoas de desconfiar ou de se dar ao trabalho de verificar se as notícias que compartilham são verdadeiras – quando essas notícias parecem corroborar algo em que elas já acreditam. **Como na polarização política as pessoas têm posições bem arraigadas e apaixonadas, o viés de confirmação colabora para a desinformação causada pela difusão de notícias falsas e boatos**". (SORJ *et al*, 2018, p. 48 – destaques dos autores)

A democracia tem sido, aqui e ali, atacada por mísseis de *fake news* e toda uma infantaria de pós-verdade e de teorias da conspiração. A política, ambiente da busca, manutenção e derrubada do poder, usa as notícias fraudulentas como armas de considerável poder de fogo. Em situações polarizadas, com candidatos disputando voto a voto, as *fake news* podem significar uma pequena vantagem e esta pode definir uma eleição. Na perspectiva de Brusandin e Graziano, as notícias falsas não são novidades:

"Notícias falsas existem desde a primeira eleição no planeta. Nos primórdios, chamávamos isso de boatos; com o avanço das comunicações, as mentiras foram espalhadas por jornais e nos próprios programas eleitorais dos candidatos. Sempre houve muita enganação política, confundindo a cabeça dos eleitores. A diferença, agora, é que as mentiras inundaram a rede social e se transformaram em *fake news*.

Mudou mais a forma, a transmissão, que o conteúdo. Antes procurava-se nos bares da esquina quem espalhava os boatos; hoje tenta-se descobrir a origem no meio eletrônico." (BRUSADIN; GRAZIANO, 2020, p. 51)

Amaral (2021) corrobora que as *fake news* não são novidade, contudo, faz uma importante advertência:

"Se não são novidade, qual a razão para, atualmente, *fake news* demonstrarem tamanho protagonismo? Preliminarmente, parece-nos que elas ganharam a dimensão que ostentam no debate público atual por conta da ampla divulgação que alcançaram com o advento das redes sociais. Além disso, foram amplamente capturadas como método de prática política. Prestam-se mais ao *ataque viral* do que à promoção de pessoas ou ideias. Revelam-se apoiadas numa espécie de impunidade erroneamente atribuída à liberdade de expressão, como se o que se diz não acarretasse qualquer consequência a quem se expressa." (AMARAL, 2021, p. 77)

As *fake news* – e com elas as pós-verdades, as teorias da conspiração e o negacionismo – tornaram-se armas contra a democracia. Os golpes, já foi dito, não precisam, hoje, de tanques, militares ou insurgentes nas ruas. Até podem ocorrer eventos de tomada do poder com forças armadas e ações de violência extrema. No entanto, verifica-se, em vários países e contextos de cultura política distintos, o uso de armas mais sofisticadas que ganham corações e mentes dos indivíduos e grupos em suas sociedades.

Simplificar situações complexas, apelar para as emoções, medo, ódio, desconfiança e discursos e ações de populistas iliberais acabam por fortalecer as personalidades autoritárias e, em contrapartida, esgarçar o tecido democrático. O tecido democrático, quando tensionado constantemente, poderá ser romper ou se esgarçar. Em nenhum dos casos, há benefícios ao exercício da política democrática e para os valores republicanos.

8. Sugestões de Leitura e Filmes

Há, para os que desejarem o aprofundamento dos temas aqui abordados, uma bibliografia ao final, mas, ainda, algumas sugestões – já presentes naquela bibliografia ou não – aqui indicadas.

Livros

Fake news:

AMARAL, L. F. P. do; PRANDO, R. A. (Orgs.). *Fake news: riscos à democracia*. São Paulo: Editora Iasp, 2021. Esse livro encontra-se disponível gratuitamente no site do IASP: <iasp.org.br>

D'ANCONA, M. *Pós-verdade. A nova guerra contra os fatos em tempos de fake news*. Barueri: Faro Editorial, 2018.

EMPOLI, G. Da. *Os engenheiros do caos*. São Paulo: Vestígio, 2019.

RAIS, D. (Coord.). *Fake news: a conexão entre a desinformação e o direito*. São Paulo: Thomson Reuters Brasil, 2020.

SORJ, B. et al. *Sobrevivendo nas redes: guia do cidadão*. Plataforma Democrática. Fundação FHC, Centro Edelstein, 2018. Este livro, também, pode ser encontrado gratuitamente. Disponível em: <http://www.plataformademocratica.org/Arquivos/Sobrevivendo_nas_redes.pdf>.

Política:

BOBBIO, N.; MATTEUCCI, N.; PASQUINO, G. *Dicionário da Política*. Vol. 1 e Vol. 2. Brasília: Editora da UnB, 1995.

CHARAUDEAU, P. *Discurso político*. São Paulo: Contexto, 2006.

MAQUIAVEL, N. *O Príncipe*. São Paulo: Peguin Classics Companhia das Letras, 2010.

NOGUEIRA, M.A. *As ruas e a democracia: ensaios sobre o Brasil contemporâneo*. Brasília/Rio de Janeiro: Fundação Astrojildo Pereira/Contratempo, 2013.

NOGUEIRA, M.A. *Potências, limites e seduções do poder*. São Paulo: Editora Unesp, 2008.

NOGUEIRA, M.A. *Em defesa da política*. São Paulo: Editora Senac, 2001.

Riscos à democracia e populismo:

AVELAR, I. *Eles em nós. Retórica e antagonismo político no Brasil do século XXI*. Rio de Janeiro: Record, 2021.

CASTELLS, M. *Ruptura: a crise da democracia liberal*. Rio de Janeiro: Zahar, 2017.

EATWELL, R.; GOODWIN, M. *Nacional-populismo: A revolta contra a democracia liberal*. Rio de Janeiro: Record, 2018.

LEVITSKY, S.; ZIBLATT, D. *Como as democracias morrem*. Rio de Janeiro: Zahar, 2018.

MOUNK, Y. *O povo contra a democracia: Por que nossa liberdade corre perigo e como salvá-la*. São Paulo: Companhia das Letras, 2018.

PRADO, M. *Tempestade ideológica. Bolsonarismo: a alt-right e o populismo iliberal no Brasil*. São Paulo: Editora Lux, 2021.

ROCHA, J. C. de C. *Guerra cultural e retórica do ódio: Crônicas de um Brasil pós-político*. Goiânia: Editora e Livraria Caminhos, 2021.

Sites

Pode-se encontrar excelente material no site da Fundação Fernando Henrique Cardoso: ≤www.fundacaofhc.org>. Na barra superior do site, clicando em "Iniciativas", terão acesso a vários conteúdos interessantes em:

Fura Bolha:

"O projeto Fura Bolha é uma série de conversas entre pessoas conhecidas na sociedade brasileira por pensarem diferente. O resultado tem sido um diálogo produtivo e essencial para a democracia."

Corações e Mentes – Pensando de forma autônoma fora e dentro da internet:

"é um e-book gratuito voltado, sobretudo, para professores e alunos, e traz reflexões e atividades que podem ser adaptadas em sala de aula para desenvolver o pensamento crítico e autônomo dos alunos dentro e fora da internet. Link para o e-book gratuito na versão para professores: <coracoesementes.org.br>.

Publicações:

São cerca de trinta livros publicados e gratuitos disponíveis para o público. São resultado de estudos, projetos, conferências realizadas muitas vezes com os parceiros da Fundação FHC, como, por exemplo, Plataforma Democrática e Centro Edelstein de Pesquisas Sociais.

Podcast Vamos falar de Democracia:

Neste podcast, é possível ouvir ou baixar o conteúdo produzido em conversas com especialistas em diversos temas, geralmente atinentes à democracia, política, governos, relações internacionais, jornalismo, etc.

Filmes e Documentários

O dilema das redes, (2020): traz à tona como os "magos da tecnologia" acabam tendo controle sobre as formas de pensar, de agir e como vivemos em nosso cotidiano. Disponível na Netflix.

Depois da verdade: desinformação e o custo das fake news (2020): trata da produção da desinformação, especialmente das *fake news*, e o custo de produzi-las. Disponível no streaming da HBO.

Rede de ódio (2020): apresenta um estudante rejeitado e que age como *troll online* disseminando notícias falsas e ódio contra personalidades, artistas e políticos. Disponível na Netflix.

Não olhe para cima (2021): aborda a descoberta, nos EUA, de um cometa que atingirá a Terra e, mesmo com todas as evidências científicas, acaba tendo o menosprezo por parte dos políticos e uma grande polarização dos que acreditam ou não na colisão do cometa com o planeta. Disponível na Netflix.

Cospi Hunter: como surgem as teorias da conspiração (2020): no documentário é criada uma teoria da conspiração e, depois, ela é rastreada para melhor compreender sua disseminação.

Mera coincidência (1997): retrata a criação de uma guerra imaginária para desviar a atenção do público do escândalo sexual envolvendo o presidente dos EUA.

Brexit (2019): apresenta o estrategista político que coordenou a campanha da saída do Reino Unido da União Europeia.

Privacidade Hackeada (2019): documentário que mostra a ação da *Cambridge Analytica*, empresa que atuou na campanha do *Brexit* e na campanha eleitoral em alguns países.

Considerações Finais

Chegamos aqui, prezado leitor e prezada leitora, nas Considerações Finais. Diferente de muitos livros que chegam ao fim com uma "Conclusão", optamos pelas "Considerações Finais", pois temas como as *fake news* na política não comportam conclusões categóricas e definitivas. Vale sempre lembrar que, no âmbito das Ciências Sociais e das Humanidades, as ciências não são exatas e, assim, exigem do pesquisador uma humildade no que tange aos resultados obtidos. Mais ainda: enquanto este livro encontra-se em fase de publicação, dezenas, centenas de outros estudos estão sendo realizados e serão, também, publicados.

Iniciamos com a definição do que são *fake news*, depois tratamos do parentesco, da grande família da qual ela faz parte: as pós-verdades, as teorias da conspiração e os vários tipos de negacionismos. A política não poderia, sem dúvida, ficar de fora desta empreitada, até porque o título é bem claro: "*Fake news* na política". Neste caso, buscou-se, ainda que panoramicamente, definir a política e a busca do poder, que deve servir como meio para conquistar finalidades mais generosas no que tange à vida coletiva. Logo a seguir, apresentou-se uma parceria de longa data: as *fake news*, mesmo não tendo esse nome no passado, estiveram ao lado da política desde os gregos até os dias que correm. Se, como afirmamos, as *fake news* e a política são parcerias de longa data, as redes sociais tornaram um ambiente bastante propício para a veiculação e a sua veloz disseminação. Para melhor ilustrar essa relação – *fake news* e política – foram trazidos à tona casos e cenários nos quais a conjugação destes fenômenos estiveram presentes. A intensidade do uso das *fake news* – e do pós-verdade, teorias da conspiração e negacionismo – impactam a vida em sociedade e, no limite, a própria democracia, ou seja, há um evidente e claro risco à democracia. Terminamos com sugestões de leituras e de filmes e documentários para os que tiverem interesse em se aprofundar nos temas aqui expostos.

Entendemos, nesse sentido, que o objetivo da obra foi alcançado. A *Coleção MyNews Explica* tem, como dissemos anteriormente, a intenção de explicar e, na condição de professores e pesquisadores, esse foi nosso esforço intelectual honesto e direto. Não somos, todos sabemos, os donos da verdade, não há dogmas alicerçando as reflexões e o que temos escrito nestas páginas. Não ser dono da verdade, contudo, não indica que, no trabalho de redação da obra, não houvesse o empenho de trazer aos leitores teorias, conceitos, ideias e fatos que sejam, todos, parte da objetividade no estudo da realidade social e política.

Obviamente, os que se encontram aprisionados no quadrilátero –*fake news*, pós-verdade, teorias da conspiração e negacionismo –, considerarão que este livro, e muitos outros, não passa de uma visão parcial, uma opinião distinta.

A opinião todos têm, informação alguns têm e o conhecimento já demanda uma dedicação mais duradoura e profunda. Por isso, o sentido expresso na intenção de redação dessa obra é ofertar conhecimento para que, assim, se possa selecionar melhor as informações e, consequentemente, construir uma opinião assentada em argumentos racionais e fatos, fugindo da superficialidade, do simplismo e das soluções simplórias, sedutoras e, não raro, equivocadas de temas complexos.

Como, então, combater as *fake news* e contribuir para um debate saudável de ideias, bem como resguardar a democracia? Em Sorj (2018), encontra-se um guia para sobreviver nas redes. Abaixo, algumas sugestões com base nas ideias do autor e na vivência dos autores.

Como se proteger dos boatos na internet? Em primeiro lugar, confira a fonte da notícia que chegou até você. Essa notícia chegou apitando no meu celular e me chamou a atenção, contudo, a notícia está, também, publicada em algum jornal ou site de notícias confiável ou em página oficial? Seja cético em relação àquilo que lê ou ouve e assiste. Desconfie! A notícia é bizarra, absurda? É bem provável que, ao captar sua atenção pela emoção, seja uma notícia falsa. Tenha o hábito de ler a notícia completa e não apenas o título, que pode ser distorcido e construído para chamar a atenção. Verifique se a notícia não é velha e descontextualizada, isto é, algo verdadeiro, mas que foi dito numa eleição há quatro anos ou que foi dito num contexto que mudou completamente. As *fake news* usam muito desse ardil, fazendo recortes de áudio e vídeo e mudando o contexto para dar um ar de veracidade. E muito importante é conter a emoção e não cair em alarmismo. Esse tom alarmista, quase sempre, é de algo fantasioso com finalidade de prejudicar ou falsear a realidade. Em síntese, na dúvida, não compartilhe notícias que podem gerar desconfiança ou que, sabidamente, são *fake news*.

Em relação ao boato e à notícia falsa, algumas questões são importantes. Os boatos são informações que não foram verificadas, têm origem desconhecida e mesmo assim acabam circulando como se fossem verdadeiras. Boatos, por exemplo, no ambiente profissional, podem levar à demissão injusta de algum colega de trabalho ou atrapalhar um projeto importante; na política, os boatos estão presentes desde os tempos imemoriais. Havia, na cidade de um dos autores, um bar no qual se reuniam os políticos da cidade e não era incomum que alguém ali estivesse para espalhar boatos sobre determinados indivíduos e, num tom já conhecido, dizia: "Não sei se é verdade, ouvi por aí, mas a gente sabe, né? Onde há fumaça, há fogo..."

Já as *fake news* são as notícias fraudulentas e produzidas com o claro objetivo de prejudicar politicamente ou conquistar vantagens financeiras. No seu sentido político, os textos da notícia são redigidos no mesmo padrão de matérias jornalísticas. São propagados num contexto de disputa política e eleitoral. Essas *fake news* apresentam estágios e gradações: pode ser uma simples falsificação; pode se tratar de um exagero intencional; pode ser mera especulação; uma simples opinião; ou uma distorção dos fatos e dados.

As *fake news* são produzidas por profissionais, com centrais bem aparelhadas e divisão do trabalho: criação, divulgação, monitoramento e realimentação e interação nas redes sociais. Podem ser auxiliadas por robôs e programas de Inteligência Artificial e podem, ainda, ser *deepfakes*, adulteração profunda, usando imagem e voz verdadeiras, mas manipuladas por programas de computadores.

CONSIDERAÇÕES FINAIS

Órgãos governamentais, jornalistas e veículos de mídia e agências de checagem se propõem, nos tempos que correm, a identificar e combater as *fake news*.

No Brasil, há agências de checagem, segundo Rais e Sales (2020): Agência Pública [https://apublica.org/], Agência Lupa [http://piaui.folha.uol.com.br/lupa/] e Aos Fatos [https://aosfatos.org/].

O Tribunal Superior Eleitoral (TSE), em sua página inicial [https://tse.jus.br], tem um quadro, "Envie seu conteúdo suspeito" – sistema de alerta de desinformação contra as eleições – e também recebe destaque na página inicial, rolando a página para baixo, a "Urna eletrônica e segurança do processo eleitoral – Conheça detalhes do equipamento que transformou o processo eleitoral brasileiro". No YouTube, na página do TSE [youtube.com/justicaeleitoral], podem ser encontrados vários vídeos no "Fato ou Boato 2022", especialmente aqueles vídeos que combatem as *fake news* em relação às urnas eletrônicas e ao sistema eleitoral brasileiro.

Referências

ALLCOTT, H.; GENTZKOW, M. "Social media and *Fake news* in the 2016 election". In: *Journal of Economic Perspectives*, v. 31, n. 2, p. 211-236, 2017.

AMARAL, L. F. P. do; PRANDO, R. A. (Orgs.). Fake news: riscos à democracia. São Paulo: Editora Iasp, 2021.

ARENDT, H. *Entre o passado e o futuro*. 5. ed. São Paulo: Perspectiva, 2005.

_____. "Lying in Politics" em The Crisis of the Republic. San Diego: Harcourt Brace & Co. 1972. In: *Conferência das Nações Unidas sobre Comércio e Desenvolvimento*, 2017.

ARISTÓTELES. *Política*. Tradução Mário de Gama Kury. Brasília: Editora da Universidade de Brasília, 1985.

_____. "Ética a Nicômaco". Tradução de Leonel Vallandro e Gerd Bornheim. In: *Os Pensadores IV*. São Paulo: Abril Cultural, 1973.

AMORIM, F. "Desinformação como instrumento do autoritarismo e dieta informacional no campo ideológico". In: *Ideologia: uma para viver. As teorias que orientam o pensamento político atual.* São Paulo: Matrix, 2022.

AVELAR, I. *Eles em nós: Retórica e antagonismo político no Brasil do século XXI.* Rio de Janeiro: Record, 2021.

BACON, F. *Ensaios.* Lisboa: Guimarães Editores, 1992.

BOBBIO, N. *Teoria Geral da Política: a Filosofia Política e as lições dos Clássicos.* Rio de Janeiro: Elsevier, 2000.

BOBBIO, N.; MATTEUCCI, N.; PASQUINO, G. *Dicionário da Política.* Vol. 1 e Vol. 2. Brasília: Editora da UnB, 1995.

BUCCI, E. "Pós-política e corrosão da verdade". In: *Revista USP*, (116), 19-30.

BRUSADIN, M.; GRAZIANO, X. Marketing político e o darwinismo digital. In: FRATINI, J. (Org.). *Campanhas políticas nas redes sociais.* Como fazer comunicação digital com eficiência. São Paulo: Matrix, 2020.

BUTLER, J. *Discurso de ódio: Uma política do performativo.* São Paulo: Editora Unesp, 2021.

CARVALHO, O. *O imbecil coletivo: Atualidades inculturais brasileiras.* Rio de Janeiro: Record, 2018a.

_____. *O mínimo que você precisa saber para não ser um idiota.* Record: Rio de Janeiro, 2018b.

CASTELLS, M. *Ruptura: a crise da democracia liberal.* Rio de Janeiro: Zahar, 2017.

_____. *A galáxia da Internet: Reflexões sobre a Internet, os negócios e a sociedade.* Rio de Janeiro: Zahar, 2001.

_____. *A sociedade em rede.* Vol. I. São Paulo: Paz e Terra, 1996.

CHARAUDEAU, P. *A conquista da opinião pública: como o discurso manipula as escolhas políticas*. São Paulo: Editora Contexto, 2016.

_____. *Discurso político*. São Paulo: Contexto, 2006.

CASTRO, J. R. "Aécio grava vídeo para o WhatsApp e pede ajuda contra mentiras". Disponível em: <https://politica.estadao.com.br/noticias/eleicoes; aecio-grava-video- para-o-whatsapp-e-pede-ajuda-con; 1574715>.

CHEN, Y.; CONROY, N. J.; RUBIN, V. L. (2015a). "Misleading Online Content: Recognizing Clickbait as False News". In: *Proceedings of ACM Workshop on Multimodal Deception Detection*. (November): 15–19.

CHEN, Y.; CONROY, N. J.; RUBIN, V. L. (2015b). "News in an Online World: The Need for an "Automatic Crap Detector"". In: *Proceedings of the Association for Information Science and Technology Annual Meeting* (ASIST2015)- St. Louis – USA.

CUNHA, M. V. da. *A tirania dos especialistas: Desde a revolta das elites do PT até a revolta do subsolo de Olavo de Carvalho*. Rio de Janeiro: Editora Civilização Brasileira, 2019.

D'ANCONA, M. *Pós-verdade. A nova guerra contra os fatos em tempos de fake news*. Barueri: Faro Editorial, 2018.

DELLAVIGNA, S.; KAPLAN, E.. "The Fox News effect: media bias and voting". In: *The Quartely Journal of Economics*, p. 1187-1234, ago., 2007.

DEWEY, C. (2016). "6 in 10 of you will share this link without reading it, a new, depressing study says". In: *The Washington Post*. Disponível em: <https://www.washing-tonpost.com/news/the-intersect/wp/2016/06/16/six-in-10-of-you-will-share-this-link-without-reading-it-according-to-a-new-and-depressing-study/>.

DINUCCI, Aldo. *Górgias de Leontinos*. São Paulo: Oficina do Livro, 2017.

DUARTE, A. de M.; CÉSAR, M. R. de A. "Negação da Política e Negacionismo como Política: pandemia e democracia". In: *Educação & Realidade*. Porto Alegre, v. 45, n.4, e109146, 2020, p. 9.

DURKHEIM, E. *As formas elementares da vida religiosa*. São Paulo: Martins Fontes, 1996.

EATWELL, R.; GOODWIN, M. *Nacional-populismo: A revolta contra a democracia liberal*. Rio de Janeiro: Record, 2018.

EMPOLI, G. Da. *Os engenheiros do caos*. São Paulo: Vestígio, 2019.

FAUSTINO, André. *Fake news: a liberdade de expressão nas redes sociais na sociedade da informação*. São Caetano do Sul: Lura Editorial, 2020.

FRATINI, J. (Org.). *Ideologia: uma para viver. As teorias que orientam o pensamento político atual*. São Paulo: Matrix, 2022.

_____. *Campanhas políticas nas redes sociais: Como fazer comunicação digital com eficiência*. São Paulo: Matrix, 2020.

KAMINSKA, I. "A Lesson in *Fake news* from the Info-Wars of Ancient Rome". In: *Financial Times*, 2017. Disponível em: <https://www.ft.com/content/aaf2bb08-dca2-11e6-86ac-f253db7791c6>.

KOYRÉ, A. *Reflexões sobre a Mentira*. Lisboa: Editora Frenesi, 1996.

LEVITSKY, S.; ZIBLATT, D. *Como as democracias morrem*. Rio de Janeiro: Zahar, 2018.

MAQUIAVEL, N. *O Príncipe*. São Paulo: Peguin Classics Companhia das Letras, 2010.

MERCLÉ, P.. *Sociologie des reseaux sociaux*. Paris: La Découverte, 2011.

MISKOLCI, R. ; BALIEIRO, F. F.. (2018). "Sociologia digital: balanço provisório e desafios". In: *Revista Brasileira de Sociologia*, 6/12,

p. 132-156. Disponível em: <http://www.sbsociologia.com.br/revista/index.php/RBS/article/view/237>.

MOUNK, Y. *O povo contra a democracia: Por que nossa liberdade corre perigo e como salvá-la*. São Paulo: Companhia das Letras, 2018.

MONTESQUIEU. "Do espírito das leis". In: *Os Pensadores*. São Paulo: Abril Cultural, 1973.

MOURA, M.; CORBELLINI, J. *A eleição disruptiva: por que Bolsonaro venceu*. Rio de Janeiro: Record, 2019.

NEWMAN, E. J., & Zhang, L.. "Truthiness: How non-probative photos shape belief". In *The psychology of fake*, 2020.

NIELSEN, J.. *Website Reading: It (Sometimes) Does Happen*. Disponível em: <https://www.nngroup.com/articles/website-reading/>.

NOBRE, M. *Limites da democracia: de junho de 2013 ao Governo Bolsonaro*. São Paulo: Todavia, 2022.

NOGUEIRA, M.A. *As ruas e a democracia: ensaios sobre o Brasil contemporâneo*. Brasília/Rio de Janeiro: Fundação Astrojildo Pereira/Contratempo, 2013.

_____. *Potências, limites e seduções do poder*. São Paulo: Editora Unesp, 2008.

_____. *Em defesa da política*. São Paulo: Editora Senac, 2001.

PATSCHIKI, L.. *Os litores da nossa burguesia: o Mídia sem Máscara em atuação partidária (2002-2011)*. Dissertação de Mestrado (História). Universidade Estadual do Oeste do Paraná.

PRADO, M. *Tempestade ideológica. Bolsonarismo: a alt-right e o populismo iliberal no Brasil*. São Paulo: Editora Lux, 2021.

PRANDO, R. A. Discurso político e populismo: o caso do Governo Bolsonaro. In: FRATINI, J. (Org.). **Ideologia: uma para viver**. As teorias que orientam o pensamento político atual. São Paulo: Matrix, 2022.

PRANDO, R. A. Conhecimento, *fake news* e política na sociedade brasileira. In: AMARAL, L. F. P. do; PRANDO, R. A. (Orgs.). **Fake news: riscos à democracia**. São Paulo: Editora Iasp, 2021.

POSETTI, J.; MATTHEWS, A. *A short guide to the history of 'fake news' and disinformation*. International Center For Journalists, p. 2018-07, 2018.

RAIS, D. (Coord.). *Fake news: a conexão entre a desinformação e o direito*. São Paulo: Thomson Reuters Brasil, 2020.

RAIS, D.; SALES, S.R. *Fake news, deepfakes* e eleições. In: RAIS, D. (Coord.). **Fake news: a conexão entre a desinformação e o direito**. São Paulo: Thomson Reuters Brasil, 2020b.

ROCHA, J. C. de C. *Guerra cultural e retórica do ódio. Crônicas de um Brasil pós-político*. Goiânia: Editora e Livraria Caminhos, 2021a.

ROCHA, C. *Menos Marx, mais Mises: O liberalismo e a nova direita no Brasil*. São Paulo: Todavia, 2021b.

SERRANO, P. *Desinformação: como os meios de comunicação ocultam o mundo*. Rio de Janeiro: Espalhafato, 2010.

SILVERMAN, C. "This Analysis Shows How Fake Election News Stories Outperformed Real News On Facebook". In: *Buzzfeed News*. Disponível em: <https://www.buzzfeed.com/ craigsilverman/ viral-fake-election-newsoutperformed- real-news-on-facebook>.

SOLL, J. "The long and brutal history of fake news". In: *Politico*. Disponível em: ≤http://www.politico.com/magazine/story/2016/12/ fake-news-history- long-violent-214535>.

SOLON, O.; SIDDIQUI, S. "Russia-backed Facebook posts 'reached 126m Americans' during 2016 election". In: *The Guardian*. Disponível em: <https://www.theguardian.com/technology/2017/oct/30/ facebook-russia-fake-accounts-126- million>.

SORJ, B. *et al.* "Sobrevivendo nas redes: guia do cidadão". In: *Plataforma Democrática.* Disponível em: <http://www.plataformademocratica.org/Arquivos/Sobrevivendo_nas_redes.pdf>.

VOLKOFF, V.; CASCAIS, F. A.; CONCEIÇÃO, I. G. *Pequena história da desinformação do cavalo de Tróia à Internet.* Lisboa: Editorial Notícias, 2000.

WEBER, M. *Ensaios de Sociologia.* Rio de Janeiro: LTC, 2002.

_____. *Economia e Sociedade.* Brasília/São Paulo: Editora da Universidade de Brasília/Imprensa Oficial do Estado de São Paulo, 1999.

Coleção MyNews Explica

MyNews Explica Evangélicos na Política Brasileira – Magali Cunha
MyNews Explica Eleições Brasileiras – Luis Felipe Salomão e Daniel Vianna Vargas
MyNews Explica Budismo – Heródoto Barbeiro
MyNews Explica Pesquisas Eleitorais – Denilde Holzhacker
MyNews Explica a Rússia Face ao Ocidente – Paulo Visentini

Próximos lançamentos

MyNews Explica Astronomia – Cássio Barbosa
MyNews Explica Buracos Negros – Thaísa Bergmann
MyNews Explica Como Morar nos EUA – Isabela Borges
MyNews Explica Vacinas – Gustavo Cabral
MyNews Explica Relações Internacionais – Guilherme Casarões
MyNews Explica Como Viver em Portugal – Andrea Duarte
MyNews Explica Liberalismo – Joel Pinheiro Fonseca
MyNews Explica Fascismo – Leandro Gonçalves e Odilon Caldeira Neto
MyNews Explica Integralismo – Leandro Gonçalves e Odilon Caldeira Neto
MyNews Explica Sistemas de Governo – Denilde Holzhacker
MyNews Explica Previdência do Servidor Público – Mara Luquet
MyNews Explica Interculturalidade – Welder Lancieri Marchini
MyNews Explica Exoplanetas – Salvador Nogueira
MyNews Explica o Comunismo – Rodrigo Prando
MyNews Explica Eleições e Mercado – Jorge Simino Jr.